하나님의 큰 기쁨이 되어라!
당신을 깨우는 한마디 2
그리스도인의 정체성 편

하나님의 큰 기쁨이 되어라!
당신을 깨우는 한마디 2
그리스도인의 정체성 편

초판 1쇄 인쇄 2021년 3월 20일
초판 1쇄 발행 2021년 3월 30일

지 은 이 | 김완섭
펴 낸 이 | 오복희

펴 낸 곳 | 기독교신앙회복연구소
등록번호 | 제2018-000044호
등록일자 | 2018년 4월 12일
주　　소 | 서울특별시 송파구 마천로 100 C동 402호(오금동)
편 집 부 | 010-6214-1361
관 리 부 | 010-8339-1192
팩　　스 | 02-3402-1112
이 메 일 | newvisionk@hanmail.net
연 구 소 | Daum 카페(기독교신앙회복연구소)
디 자 인 | 참디자인

ISBN 979-11-89787-24-0 [03230]

* 이 책은 신저작권법에 의하여 국내에서 보호를 받는 저작물입니다.
  출판사의 협의 없는 무단 전재와 무단 복제를 엄격히 금합니다.
* 한 권 값 12,000원
* 잘못된 책은 교환하여 드립니다.

하나님의 큰 기쁨이 되어라!

당신을 깨우는 한마디

②

그리스도인의 정체성 편!

김완섭 지음

기독교신앙회복연구소

Preface
머리말

    너무나 안타깝게도 자신이 누구인지를 알지 못하는 그리스도인들이 너무 많다. 사실 자기 자신을 모르는 그리스도인을 그리스도인이라고 할 수 있을지는 모르지만, 어쩌면 대다수의 성도들이 자기가 누군지를 모른 채 신앙생활을 영위하고 있다. 자기가 얼마나 대단하고 귀중하며 가치 있는 존재인지를 모른다면 그 사람은 그리스도인이라고 하면서도 사실은 세상 사람과 조금도 다를 것이 없는 삶을 살 수밖에 없다. 바리새인들이 스스로 가지고 있는 자기인식과 예수님이 분별하신 그들의 정체성은 너무나도 동떨어져 있는 것을 보면서 우리는 많이 놀란다. 그들의 자기인식과는 달리 그들은 거의 전부 지옥으로 달려가고 있었던 것이다.

    오늘 우리는 어떤가? 정말 온전하게 살고 있는가에 대한 이야기와는 별개로 자기 자신을 누구로 알고 있느냐의 문제는 굉장히 중요하다. 미운오리새끼는 나중에 자기가 백조인 사실을 깨닫고 자기 정체성을 회복하게 되지만, 스스로를 그냥 복 받은 세상 사람쯤으로 알고 있다면 그 사람은 거의 그 상태대로 살다가 죽게 될 것이다. 그리스도인으로서의 정체성을 명확하게 깨닫지 못하면 백조이면서도 오리처럼 살다가 오리처럼 죽게 된다는 말이다. 그리스도인은 그리스도인다워야 하는데 그렇게 되기 위해서는 자기가 어떤 존재인가를 깨달아야 한다. 이 책은 세상 사람의 정체성을 가지고 세상 속에서 세상 사람들과 아옹다옹 하면서 살고 있는 수많은 그리스도인들의 껍질을 깨고 그리스도인의 바른 정체성을 던져주기 위해 기획되었다.

물론 세속적인 정체성만 문제가 되는 것은 아니다. 스스로를 그리스도인이라고 생각하고 있는 사람들 중에서는 그리스도인의 거짓 정체성을 가지고 살고 있는 사람들도 굉장히 많이 존재한다. 어쩌면 열심히 믿는다고 하는 성도들 중에 이런 거짓정체성에 사로잡혀 있는 사람들이 더 많을 것이다. 그것은 종교적 정체성이다. 종교생활, 교회생활을 잘 함으로써 하나님의 칭찬과 하늘의 보상을 기대하면서 살고 있다면 자신의 마음을 빨리 들여다볼 수 있어야 한다. 하나님은 겉으로 드러나는 열심이 아니라 진정한 마음, 간절한 마음, 낮추어진 마음으로 하나님을 사랑하는 사람을 찾으시기 때문이다.

우리는 하나님께서 부여하신 하늘의 정체성을 찾아와야 한다. 우리는 대개 그것을 잃어버린 채 바쁘게 살고 있다. 가장 큰 문제는 어려움을 만날 때 그리스도인의 정체성이 아니라 세상의 정체성으로 반응하게 된다는 점이다. 먼저 숫자나 물질이나 권력이나 인맥으로 문제를 해결하려고 한다면, 더구나 온전히 그런 여건만으로 이기려고 한다면 그 사람은 세속적인 정체성을 가지고 있는 사람이다. 겉으로는 하나님을 위하여, 예수님의 명령대로 이웃을 사랑하기 위해서라고 내세우지만, 사실은 하나님은 옆으로 밀어놓고 자신들의 수단과 방법으로 달려가고 있는 것이다. 물론 숫자이든 인맥이든 사용해야 할 때가 분명히 있다. 그러나 그것은 하나님의 뜻 안에서라는 전제조건이 필요한 것이다.

이 책은 크게 4장으로 구성되어 있다. 제1장에서는 그리스도인의 올바른 정체성의 본질을 먼저 살펴보았는데, 가장 핵심적인 정체성의 출발은 우리가 전혀 새로운 인류라는 사실을 인식함으로부터 시작되어야 함을 이야기했다. 그리고 그리스도인의 가장 큰 특징은 용서하는 사람이라고 했고, 세상의 가치체계와 싸우는 사람들이며, 이 세상에서 썩어질 것들을 버리는 사람들이라고 했다. 그리고 우리가 거룩한 백성이며 왕 같은 제사장으로서 살아야 함을 이야기했다. 정체성의 핵심은 하나님의 자녀답게 살아야 한다는 것이다.

제2장에서는 스스로의 정체성을 진단해볼 수 있도록 했는데, 정체성 인식과 정체성 행동 사이의 격차를 인식해야 함을 이야

기했고, 우리가 속으로 품고 있는 진짜 소망을 점검하고, 실제로 어떤 문제에서 낙심하는가를 살펴보면서 정체성을 진단할 수 있음을 설명했으며, 우리의 생각과 달리 실제로 하는 행동을 점검함으로써 우리의 진짜 정체성을 분별할 수 있도록 했다.

제3장과 4장에서는 그렇게 얻어진 진짜 정체성으로 세상을 살기 위한 조건들을 살펴보았는데, 먼저 천국에 갔을 때 우리들에게 주어질 하늘의 상에 대해서 상세하게 살펴보았다. 우리가 이웃을 사랑할 때, 박해를 견딜 때 하늘에서는 가장 큰 상을 준비해놓고 있다. 이 땅에서의 보상이나 복이 아니라 저 하늘에서 영원토록 주어질 천국의 보상을 바라볼 때 우리는 우리의 정체성을 유지할 수 있을 것이다. 그리고 이 땅에서 우리가 진짜로 누려야 할 천국에 대해서 살펴보았다. 천국에서 주어질 모든 복은 이 땅에서도 누릴 수 있어야 한다. 비록 일시적이고 불완전하기는 하지만 우리는 이 세상에서 하나님의 부요함, 하늘의 평안과 안식, 천국의 기쁨을 충분히 누려야 세상을 이길 수 있다는 이야기를 했다. 그리고 실제로는 복음을 보존하고 전달하고 실천하고 개혁하고 천국을 준비하는 삶이 되어야 함을 이야기했다.

이 책 역시 한꺼번에 읽기보다는 하나의 제목별로 읽고 나서 묵상하고 소화할 수 있는 시간들을 가질 것은 권면한다. 언어들이 압축되어 있기 때문에 그렇게 단계별로 읽어야 충분히 정리할 수 있을 것이다. 그리고 마지막에는 공감 체크리스트를 첨부했다. 목차와 같은 내용이지만 얼마나 공감하는가를 스스로 체크해 봄으로써 자기 자신의 정체성을 확립하는 데 도움이 될 것이다.

그리고 도전이 된다면 이 책의 본책이라고 할 수 있는 「그리스도인의 회복 : 정체성」을 한 번 정독할 것을 강하게 권면하고 싶다. 그러면 그리스도인의 정체성을 100% 소화할 수 있을 것이고 실천적으로 적용 가능하게 될 것이기 때문이다. 이 책은 본책을 핵심요약 정리한 책이다. 물론 단순히 요약만 한 것은 절대 아니고 그 내용들을 압축해서 강한 도전이 될 수 있는 제목들을 붙여서 독자들의 심령에 곧바로 파고들 수 있기를 생각하면서 기획했다. 따라서 전혀 다른 책처럼 느껴질 것이다. 이 책이 이 땅의 모든 그리스도인들을 진정한 하나님의 자녀로 성장시키는 데 일조할 수 있기를 위해 간절히 기도드린다. 사람이 변화되어야 교회가 개혁될 수 있기 때문이다.

Contents

차례

- 머리말 • 5

제1부 · 새로운 정체성을 세워라

1. 새로운 인류의 출현
예수님의 제자들은 신인류가 되었다 • 18
새로운 피조물이란 신인류라는 뜻이다 • 20
신인류는 죽었다가 다시 태어난 사람들이다 • 22
신인류는 오직 하나님의 통치만 받는다 • 24
신인류는 먹구름 위에 빛나는 태양을 본다 • 26

2. 용서하는 그리스도인
십자가를 보면 용서하지 않을 수 없다 • 30
하나님의 용서만이 상처를 깨끗이 지운다 • 32
당신의 회개는 당신의 용서 없이 불가능하다 • 34
정말 십자가를 안다면 모두 용서할 수 있다. • 36
큰 능력을 구하지 말고 용서의 힘을 구하라 • 38

3. 버려야 사는 그리스도인
배설물을 쌓는 사람은 가장 어리석은 사람이다 • 42
'썩을 것들'은 욕이 아니라 진리이다. • 44
소유는 천국까지 가는 연료일 뿐이다 • 46
존재가치를 내세울수록 무가치한 사람이다 • 48

4. 싸우는 그리스도인

싸우지 않으면 날개 없는 새처럼 추락한다 • 52
선한 싸움은 피 흘리기까지 마귀를 대적하는 것이다 • 54
무기도 없이 마귀와 싸우는가? • 56
사탄의 급소는 선과 절제와 향기와 평안이다 • 58
지금 싸우지 않으면 다 지옥 간다 • 60

5. 정체성의 정리

혹시 거짓 그리스도인이 아닌가? • 64
지금 당신은 하나님께 누구인가? • 66
안 되면 그리스도인 흉내라도 내고 시작하라 • 68
택자의 정체성, 왕의 권위, 백성의 열정이 있는가? • 70

제2부 · 진짜 정체성을 진단하라

6. 정체성 인식과 정체성 행동

진짜 당신의 정체는 무엇인가? • 76
바리새인들의 진짜 소망? • 78
낙심을 보면 정체성을 안다 • 80
거짓된 정체성이 위선을 낳는다 • 82
당신도 분명히 바리새인이다 • 84

7. 당신의 소망을 진단하라

당신의 속마음이 구하는 것은 무엇인가? • 88
하나님과 다투지 말고 타인을 위해 구하라 • 90
문제보다 먼저 심령이다 • 92
당신의 기도가 당신의 정체성이다 • 94
소망진단으로 숨은 정체성을 발굴하라 • 96

8. 당신의 낙심을 진단하라

낙심해보지 않으면 정체성을 모른다 • 100
바울의 낙심이 바울을 만들었다 • 102

땅의 문제인가, 하늘의 문제인가? • 104
말씀 앞에서 낙심하는가? • 106
낙심은 참 믿음으로 이끈다 • 108

9. 당신의 행동을 진단하라
배반의 정체성에서 사랑의 정체성으로 • 112
처음 사랑은 살아있는 생명이었다 • 114
궁핍한 부자인가? 부유한 거지인가? • 116
거짓 정체성은 언제나 합리적으로 보인다 • 118
살아있다고 어떻게 확신하는가? • 120

제3부 · 하늘의 상이 정체성을 만든다

10. 정체성과 하늘의 상
자기중심에서 하나님중심으로 • 126
하늘에는 개인 보물창고가 있다 • 128
물 한 그릇도 예수님께 드리듯 하라 • 130
하나님의 심부름에는 하늘의 큰상이 따라온다 • 132
물 한 그릇이 가장 큰 상일 수 있다 • 134

11. 가장 큰 상 : 이웃사랑의 상
전도의 상을 혼자 독차지하는가? • 138
복음전파 이전에 영혼사랑이다 • 140
이웃을 자신처럼 사랑하면 위대한 선지자이다 • 142
예수님은 십자가에서 아예 우리가 되셨다 • 144
이웃사랑의 상과 이웃외면의 벌 • 146

12. 박해 받는 사람이 받을 상
박해받을 짓을 하라. 큰 상이 있을 것이다 • 150
우리가 선지자이다. 아니, 선지자여야 한다 • 152
초대교회는 박해교회였다. 오늘날도 그렇다 • 154
평화는 박해의 다른 얼굴이다 • 156
박해받을 때가 가장 강할 때이다 • 158

13. 주님과의 동행 상

주님의 동행을 믿는 사람은 담대하다 • 162
내가 하나님의 편이어야 하나님도 내 편이시다 • 164
어려움은 담대함의 출발점이다 • 166
에녹과 엘리야는 동행의 큰 상을 받았다 • 168
비움과 동행과 담대함은 같은 말이다 • 170

14. 하늘의 영원한 상

하늘의 상은 보상이 아니라 열매이다 • 174
모든 성도가 상속자가 되는 것은 아니다 • 176
틀림없이 하늘에서 상이 당신을 기다린다 • 178
하늘의 상은 계급이 아니라 질서이다 • 180
하늘의 상은 진심의 상이다 • 182

제4부 · 이 땅에서 천국을 누려라

15. 천국의 부요함을 누리자

구원뿐 아니라 부요함도 하나님의 선물이다 • 188
예수님이 누리셨던 천국을 누리자 • 190
부요한 은혜를 누리는 만큼 행동이 나온다 • 192
하나님의 지혜는 어리석어 보일 때가 많다 • 194
채움이 아니라 비움으로 부요를 누린다 • 196

16. 평안과 안식을 누리자

하나님과의 화평은 사람과의 불화일 수도 있다 • 200
포기하지 않고 평안을 누릴 수는 없다 • 202
평안은 세상을 이기는 힘이요 능력이다 • 204
안식은 일시적인 죽음이어야 한다 • 206
안식의 깊이가 믿음의 상태이다 • 208

17. 천국의 기쁨을 누리자

천국의 기쁨을 알아야 참 그리스도인이다 • 212
하나님의 기쁨으로 충만해야 한다 • 214

예수님의 기쁨을 얼마나 아는가? • 216
자기 버림이 기쁨 회복의 특효약이다 • 218
그리스도인의 기쁨은 본능이어야 한다 • 220

18. 땅에서 천국을 누리자
교회와 성도를 망치는 것은 거짓 정체성이다 • 224
그리스도인은 복음을 보존하는 사람들이다 • 226
복음의 전달성이 천국을 누리는 방식이다 • 228
복음의 능력은 실천성이 좌우한다 • 230
복음은 삶의 방식을 바꿈으로써 세상을 개혁한다 • 232
천국 누림의 마지막 퍼즐은 천국준비성이다 • 234

정체성 공감 체크리스트 • 238

제1부

새로운 정체성을 세워라

제1장

새로운 인류의 출현

새로운 인류의 출현 1

예수님의 제자들은 신인류가 되었다

하나님은 예수님과 그 제자들을 통해
지금까지 지구상에 존재하지 않았던 전혀 새로운 인류를 계획하셨다.

예수님께서 만들고자 하신 세상은 예수님께서 키워내신 제자들을 통하여 이루어질 수 있다. 결국 어떤 제자들이냐 하는 것이 어떤 세상이냐 하는 것을 결정하게 된다. 하지만 복음서에 나오는 제자들의 모습과 사도행전에 나오는 제자들의 모습은 너무나도 다르다. 전혀 상반된 이런 모습들은 이름만 바꾸면 전혀 다른 사람인 것처럼 보인다. 하나님의 계획은 이스라엘 왕조를 통한 하나님나라 재건은 아니었다. 하나님의 계획은 아예 전혀 새로운 인류를 재창조하시는 것이었다.

"할례나 무할례가 아무 것도 아니로되 오직 새로 지으심을 받는 것만이 중요하니라"(갈 6:15)

하나님은 지금까지와는 전혀 다른 방식으로 인간구원을 행하셨다. 그 구원은 죄가 없는 상태의 인간으로 재창조하시는 것이었다. 하나님의 아들 예수님의 탄생은 죄의 상태(원죄)를 소멸하기 위한 하나님의 고육지책이었다. 그런데 예수님은 내세울 것이 별로 없는 사람들을 제자로 삼으셨다. 왜냐하면 새로 창조하실 신인류는 새로운 기준에 의해 만들어질 것이기 때문이었다. 그것은 오순절 성령강림으로부터 시작된 새로운 인류로의 변화였다. 그것은 질적으로 완전히 새롭게 창조된 화학적 변화였다.

"우리가 알거니와 우리의 옛 사람이 예수와 함께 십자가에 못 박힌 것은 죄의 몸이 죽어 다시는 우리가 죄에게 종 노릇 하지 아니하려 함이니"(롬 6:6)

신인류로의 변화의 동력은 물론 성령님의 임재이지만 변화의 핵심은 정체성의 변화이다. 정체성이 자신과 세상을 바꾼다.

새로운 인류의 출현 2
새로운 피조물이란 신인류라는 뜻이다

하나님은 아담 창조 이후 최초로 예수님의 고난을 통해 새로운 피조물을 창조하셨다. 신인류가 왜 구인류로 살고 있는가?

그리스도인의 정체성을 한마디로 하면 하늘에 속한 자로서 이 세상에서 하늘의 원리로 살면서 본향인 저 천국을 지향점으로 삼는 것이다. 이 하늘의 정체성은 지금까지 결코 존재하지 않았던 모습이다. 그래서 사도 바울은 우리를 새로운 피조물이라고 한 것이다. 대부분의 신앙인들은 이 새로운 피조물이라는 자의식이 없다. 분명히 이 땅에서 천국백성이며 예수님의 제자들로 살고 있다. 하지만 대부분의 사람들과는 전혀 다른 새로운 인류라는 사실을 자각하고 있지는 못하다. 그것이 원인이 되어 교회가 세상으로부터 비난과 공격을 받고 있는 것이다.

"그런즉 누구든지 그리스도 안에 있으면 새로운 피조물이라 이전 것은 지나갔으니 보라 새 것이 되었도다"(고후 5:17)

우리는 지금 완전히 새로운 피조물들이다. 전혀 다른 사고방식과 삶의 원리를 따라 말하고 행하고 가르치고 달려 나가는 사람들이다. 그렇지 못하다면 왜 예수님이 십자가에서 죽으셔야만 했을까? 만약에 노아의 홍수나 우주의 대변혁 등을 통해서 사람을 새롭게 만드셨다면 우리가 굳이 하늘의 정체성으로 살아야 할 이유는 없다. 그러나 예수님께서 목숨을 버리셔야 할 정도로 엄청난 희생의 대가를 치르셨다면 우리도 마땅히 모든 것을 하늘에 두고 세상에서 승리하면서 살아야 할 것이다.

"그 길은 우리를 위하여 휘장 가운데로 열어 놓으신 새로운 살 길이요 휘장은 곧 그의 육체니라"(히 10:20)

하늘로 올리어진 에녹도, 노아도, 아브라함도 모세도 다윗도 새로운 인류는 아니었다. 그러나 우리는 새로운 피조물이다.

새로운 인류의 출현 3
신인류는 죽었다가 다시 태어난 사람들이다

성령으로 거듭난 족속이 아니면, 곧 새로운 인류가 아니면 말씀을 충분히 이해할 수 없다. 죽었다가 깨어나도 안 된다.

새로운 피조물은 어떻게 탄생하는가? 흙으로 사람을 새롭게 만드시는 것은 아니다. 새로운 인간이 되려면 죽었다가 다시 태어나야만 한다. 물론 사람은 죽으면 그만이지만 십자가의 예수님과 연합하면 이야기가 달라진다. 우리가 예수님과 함께 십자가에 못 박혀 죽을 때 우리의 옛 사람이 함께 죽었고 완전히 새로운 피조물로 거듭나서 하늘에 속한 자로 탄생하게 될 것이다. 예수님이 오신 이유를 단 한 마디로 말하라면 거듭난 백성들을 만들기 위하여, 곧 새로운 인류를 창조하시기 위함인 것이다.

"육으로 난 것은 육이요 영으로 난 것은 영이니 내가 네게 거듭나야 하겠다 하는 말을 놀랍게 여기지 말라 바람이 임의로 불매 네가 그 소리

는 들어도 어디서 와서 어디로 가는지 알지 못하나니 성령으로 난 사
람도 다 그러하니라"(요 3:6-8)

어느 누구라도 거듭나지 못하고는 하나님의 말씀을 제대로 이해할 수 없다. 거듭나는 것은 오직 성령님의 은혜로만 가능하기 때문이다. 거듭나지 못한 사람은 하나님의 나라를 볼 수 없으며 하나님나라에 들어갈 수도 없다. 땅에 속한 옛사람으로 머물러 있을 뿐이다. 거듭난 사람은 영이 새롭게 태어난 사람이다. 새로운 인류란 죽었던 영이 예수님의 죽으심과 부활을 통하여 성령으로 거듭 태어난 사람들을 가리키는 말이다. 성령으로 두 번째 태어난 사람들은 전혀 다른 종족이 된다. 그것은 인종이나 민족이나 나라와는 전혀 관계없는 새로운 인류이다.

"우리 주 예수 그리스도의 아버지 하나님을 찬송하리로다 그의 많으신 긍휼대로 예수 그리스도를 죽은 자 가운데서 부활하게 하심으로 말미암아 우리를 거듭나게 하사 산 소망이 있게 하시며"(벧전 1:3)

**하늘에 산 소망을 두고 땅에서 말씀대로 사는 것이 신인류의 정체성이다.
이것이 없으면 죄인의 정체성으로 살게 된다.**

새로운 인류의 출현 4

신인류는 오직 하나님의 통치만 받는다

신인류는 전적으로 하나님께서 부르신 사람들이기 때문에 하나님께서 모든 책임을 지신다. 신인류로 살아야 하는 이유이다.

어떤 사람을 불러서 새로운 종족으로 만드시는가에 대해서는 우리가 전혀 알 수 없지만, 부르심 받은 사람이 거듭날 때의 상태에 대해서는 어느 정도 분간이 가능하다. 그것은 하나님께서 영으로 거듭나게 하시기 위한 전제조건이다. 하나님의 백성으로 불러주신 사람들을 보면 많은 경우에 다른 사람들보다 좀 못한 사람들이거나 실패한 사람들인 경우가 많다. 그것은 사람들에게나 하나님께나 자랑하지 못하도록 하시기 위함이었다. 기본적으로 하나님을 절실하게 필요로 하는 심령이다.

"형제들아 너희를 부르심을 보라 육체를 따라 지혜로운 자가 많지 아니하며 능한 자가 많지 아니하며 문벌 좋은 자가 많지 아니하도다 그러나 하나님께서 세상의 미련한 것들을 택하사 지혜 있는 자들을 부끄럽게 하려 하시고 세상의 약한 것들을 택하사 강한 것들을 부끄럽게 하려 하시며 하나님께서 세상의 천한 것들과 멸시 받는 것들과 없는 것들을 택하사 있는 것들을 폐하려 하시나니 이는 아무 육체도 하나님 앞에서 자랑하지 못하게 하려 하심이라"(고전 1:26-29)

하나님은 그렇게 불러내신 사람들을 죄 사함 받고 거듭난 신인류로 만드셨다. 하나님은 신인류가 고난을 참고 선을 행하게 하기 위해 부르셨다. 예수님의 발자취를 따라 하늘의 원리로 세상에 승리하게 만들기 위함이었다. 동시에 세상의 악을 악으로 갚지 말고 오히려 복을 비는 용서의 사람으로 살게 하시고, 하나님의 선을 지키기 위하여 세상 및 스스로와 싸우게 하시며, 그리스도의 평강이 함께 임하게 하시기 위해 부르신 것이다. 마귀의 욕심이 지배하는 이 세상에 승리하게 하기 위함이었던 것이다. 신인류는 이런 원리와 목적을 따라 움직이는 사람들이다.

"믿음의 선한 싸움을 싸우라 영생을 취하라 이를 위하여 네가 부르심을 받았고 많은 증인 앞에서 선한 증언을 하였도다"(딤전 6:12)

하나님의 부르심을 받은 신인류의 정체성을 가지지 못하면 목표를 잃어버리고 방황하는 출애굽 성도에 머무를 수밖에 없다.

새로운 인류의 출현 5

신인류는 먹구름 위에 빛나는 태양을 본다

신인류의 미래는 영원한 생명이므로 기존의 인류를 따라 살 수는 없다.
세상이 어지러울수록 미래는 가까워진다.

하나님은 신인류를 어디로 끌어가시는가? 하나님은 새로운 에덴을 창설하려고 하신다. 그런데 왜 세상은 점점 혼돈으로만 가고 있는가? 요한계시록을 비롯하여 모든 성경은 새로운 인류의 최종목적지인 영원한 나라로 갈 수 있는 순전한 백성들을 선택하시기 위함이라고 설명한다. 세상의 불합리를 비판하는 것이 아니라 스스로 영원한 하나님의 나라에 합당하도록 이 세상과 싸워 이기라고 하신다. 물론 불합리와 불공정은 고쳐야 하지만 영원한 천국 말고는 불합리와 불공정이 없는 곳은 없다. 그래서 끝까지 이기는 자에게 영원한 나라를 상속으로 주시는 것이다.

"이기는 자는 이것들을 상속으로 받으리라 나는 그의 하나님이 되고

그는 내 아들이 되리라"(계 21:7)

    그 영원한 나라는 마지막까지 승리한 새로운 인류가 마치 왕국을 다스리는 것과 같이 누리면서 사는 곳이다. 그 나라는 원래의 하늘과 땅이 사라지고 새롭게 내려오는 나라이다. 또한 그 나라는 주 예수 그리스도의 영원한 영광이 주어지는 곳이다. 그 마지막 나라는 하나님께서 친히 백성들과 함께하시고 눈물도 사망도 애통이나 곡하는 것도 심지어 아픈 것도 하나도 없어지는 영원한 나라가 될 것이다. 이것이 신인류가 나아가야 할 방향이고 목적지이고 삶의 의미이고 세상을 살아가는 원리인 것이다.

> "내가 들으니 보좌에서 큰 음성이 나서 이르되 보라 하나님의 장막이 사람들과 함께 있으매 하나님이 그들과 함께 계시리니 그들은 하나님의 백성이 되고 하나님은 친히 그들과 함께 계셔서 모든 눈물을 그 눈에서 닦아 주시니 다시는 사망이 없고 애통하는 것이나 곡하는 것이나 아픈 것이 다시 있지 아니하리니 처음 것들이 다 지나갔음이러라"(계 21:3-4)

신인류는 영원하지 못한 것을 위해 애쓰지 않는다.
하늘을 날아다니던 독수리가 땅에서 기면서 쫓기는 모습이 결코 아니다.

제2장

용서하는 그리스도인

용서하는 그리스도인 1
십자가를 보면 용서하지 않을 수 없다

**십자가와 용서는 기독교의 가장 큰 특징이며 신인류 창조의 통로이다.
하나님의 사랑도 이웃사랑도 용서가 생명이다.**

기독교의 가장 큰 특징은 용서이다. 그것은 새로운 인류가 드러내는 특징이 용서라야 한다는 의미이다. 왜 용서가 기독교의 가장 큰 특징인가? 그것은 기독교가 십자가의 종교이기 때문이다. 다른 종교에서는 결코 줄 수 없는 것이 바로 십자가이다. 십자가야말로 새로운 인류탄생의 유일한 통로이다. 새로운 인류의 특징 한 가지만 말하라고 한다면 단연코 십자가를 이야기할 수 있다. 십자가야말로 그리스도인의 정체성이다. 그런데 이 십자가를 한 마디로 말하면 '용서'이다. 하나님은 십자가의 용서를 통하여 모든 가치를 단 한 번에 실현하셨다.

"그리스도께서도 단번에 죄를 위하여 죽으사 의인으로서 불의한 자를 대신하셨으니 이는 우리를 하나님 앞으로 인도하려 하심이라 육체로는 죽임을 당하시고 영으로는 살리심을 받으셨으니"(벧전 3:18)

십자가를 망각하면 용서도 정의도 사랑도 인내도 전부 잃어버리는 것이다. 한 마디로 십자가에서 멀어지면 그리스도인의 정체성을 잃어버리게 된다. 새로운 피조물은 예수님의 십자가 고난을 통하여 절대로 씻을 수 없는 죄를 용서받은 사람들이다. 그리하여 영원토록 하나님과 화목하게 되어서 화평을 누리는 사람들이다. 그러므로 그리스도인은 용서하는 사람들이다. 신인류의 가장 우선되고 중요한 정체성이 바로 용서인 것이다.

"그의 십자가의 피로 화평을 이루사 만물 곧 땅에 있는 것들이나 하늘에 있는 것들이 그로 말미암아 자기와 화목하게 되기를 기뻐하심이라"(골 1:20)

그리스도인은 사람들을 용서하기 위해 사는 사람들이다.
하나님께서 십자가를 주셨고 용서받고 용서할 수 있게 하신 것이다.

용서하는 그리스도인 2

하나님의 용서만이 상처를 깨끗이 지운다

그리스도인의 용서는 사람이 아니라 하나님의 용서로 용서하는 것이다.
용서하지 못함은 상처의 노예가 되었음을 뜻한다.

인간의 심리는 용서하느냐 용서하지 못하느냐에 따라 엄청나게 달라진다. 사회에서 일어나는 많은 문제는 상처를 해결하지 못하기 때문에 생긴다. 상처에 대한 두 가지 태도는 원수 갚음과 용서이다. '눈에는 눈, 이에는 이'는 더 이상 원수 삼지 말라는 뜻이었다. 구약은 원수를 갚지 말고 하나님께 맡기라고 했다. 원수 갚는 것이 하나님의 일이라면 우리의 할 일은 용서이다.

> "내 사랑하는 자들아 너희가 친히 원수를 갚지 말고 하나님의 진노하심에 맡기라 기록되었으되 '원수 갚는 것이 내게 있으니 내가 갚으리라'(신 32:35)고 주께서 말씀하시니라"(롬 12:19)

원수 갚음은 하나님께 맡기고 우리는 그것을 털어내야 한다. 그래야 치유가 된다. 그러나 신약의 용서는 스스로를 희생함으로써 상대방이 되어주는 것이다. 예수님의 십자가 고난이 바로 그것이다. 다른 사람을 용서할 때에는 예수님의 고난으로부터 근거하는 것이어야 한다. 그것이 그리스도인의 정체성이다.

"우리가 우리에게 죄 지은 자를 사하여 준 것 같이 우리 죄를 사하여 주시옵고"(마 6:12)

그렇다면 우리가 우리에게 죄를 지은 사람들을 용서해 줄 수 있는 근거는 우리의 심령이 아니라 그리스도의 피에 의존하는 것이다. 곧 우리의 용서는 사람의 용서가 아니라 하나님의 용서인 것이다. 내가 하나님이 되어서 다른 사람을 용서하라는 것이 아니라 하나님의 용서를 내 마음속에 끌어당겨서 그 용서로 사람을 용서하라는 것이다.

"누가 누구에게 불만이 있거든 서로 용납하여 피차 용서하되 주께서 너희를 용서하신 것 같이 너희도 그리하고"(골 3:13)

그리스도인으로서 타인을 용서하지 못한다면 아직 그리스도의 보혈로 인한 하나님의 용서를 체험하지 못한 사람일 수도 있다.

용서하는 그리스도인 3

당신의 회개는 당신의 용서 없이 불가능하다

내가 먼저 용서해야 회개가 가능하며 조건 없이 사람을 용서해야 한다.
우리의 용서가 그리스도의 용서인 까닭이다.

우리가 다른 사람의 죄를 용서하지 않는다면 하나님도 우리의 죄를 용서하지 않으신다. 우리가 용서받을 때의 전제조건은 회개인 것이 분명하지만 이 회개보다 먼저 와야 하는 조건이 바로 우리의 용서라는 것이다. 만약에 그렇다면 우리의 용서 없이는 모든 종류의 회개는 전부 아무 소용이 없다는 말인가? 아무리 열심히 부르짖고 울부짖으면서 회개해도 내가 용서하지 못한 상처를 안고 있는 한은 그 회개도 무용지물이라는 말이 아닌가? 불행인지 다행인지는 몰라도 이것은 사실이다.

"너희가 사람의 잘못을 용서하면 너희 하늘 아버지께서도 너희 잘못을 용서하시려니와 너희가 사람의 잘못을 용서하지 아니하면 너희 아버

지께서도 너희 잘못을 용서하지 아니하시리라"(마 6:14-15)

예수님은 베드로에게 한 사람을 490번이라도 용서하라고 하셨다. 그것은 무한용서를 뜻한다. 무한용서는 완전한 용서이고, 완전한 용서는 반드시 용서해야 하는 것이며, 반드시 용서해야 한다는 말은 용서하지 못하면 하나님도 우리 죄를 용서하지 못하신다는 말이다. 그래서 우리는 반드시 용서해야 하는 것이다. 상대방이 용서를 청하지 않아도 우리가 용서해야 하는가? 우리의 용서는 하나님의 용서라는 것을 잊어서는 안 된다. 우리가 죄인이었을 때에 예수님은 이미 우리 죄를 용서하셨다. 하나님의 용서라면 상대방의 반응에 관계없이 용서해야 하는 것이다.

"이에 예수께서 이르시되 아버지 저들을 사하여 주옵소서 자기들이 하는 것을 알지 못함이니이다 하시더라 … "(눅 23:34)

예수님께서 자신을 못 박는 무리들을 용서하셨어도 그 중에서 회개하는 사람만 죄를 용서받는다. 우리의 용서도 그렇다.

용서하는 그리스도인 4

정말 십자가를 안다면 모두 용서할 수 있다.

**죽음으로 용서하신 십자가로 돌아가지 못하면 사람을 용서하지 못한다.
나의 작은 상처를 예수님의 고통에 기대야 한다.**

그리스도인의 첫 번째 정체성이 용서라는데, 용서하고 싶지도 않고 용서할 수도 없다면 어떻게 되겠는가? 결과론적으로 그 사람은 그 당시에는 그리스도인이 아닐 수도 있다. 우리는 예수 그리스도께 의지함으로써만이 용서를 행할 수 있다. 세상의 평가는 예수쟁이들이 속이 참 좁다고 말한다. 속이 좁다는 말은 결코 용서하지 못한다는 말과 방향성에서 일치한다.

"비판하지 말라 그리하면 너희가 비판을 받지 않을 것이요 정죄하지 말라 그리하면 너희가 정죄를 받지 않을 것이요 용서하라 그리하면 너희가 용서를 받을 것이요"(눅 6:37)

우리가 놓치는 부분 중의 하나는 용서에는 대가가 따른다는 점이다. 우리의 용서의 출발점은 하나님의 용서이다. 하나님은 우리를 용서하시기 위해 예수 그리스도를 이 땅에 내려 보내셨고, 목숨까지 아낌없이 희생하셨다. 예수님께서 손과 발에 못을 박힌 채 십자가에 매달리셔야 할 이유가 있었던가? 전혀 없었다. 오로지 우리의 죄를 위하여 대신 대가를 지불하신 것이었다.

> "또 잔을 가지사 감사 기도하시고 그들에게 주시며 이르시되 너희가 다 이것을 마시라 이것은 죄 사함을 얻게 하려고 많은 사람을 위하여 흘리는 바 나의 피 곧 언약의 피니라"(마 26:27-28)

우리는 그리스도의 고통과 희생으로써 죄 용서를 받은 사람들이다. 십자가에서 예수님이 고통당하시면서 죽어 가실 때 우리도 예수님과 함께 매달려 있었다는 것을 생각해야 한다. 그것이 그리스도와의 연합이다. 그것은 그리스도와 함께 죽고 그리스도와 함께 살아나며 그리스도와 함께 살아가는 것을 뜻한다.

> "예수께서 우리를 위하여 죽으사 우리로 하여금 깨어 있든지 자든지 자기와 함께 살게 하려 하셨느니라 그러므로 피차 권면하고 서로 덕을 세우기를 너희가 하는 것 같이 하라"(살전 5:10-11)

용서하려고 억지로 애를 쓰지 말라. 용서가 안 되면 십자가로 돌아오면 된다. 실패해도 성공해도 십자가로 돌아오면 된다.

용서하는 그리스도인 5

큰 능력을 구하지 말고 용서의 힘을 구하라

성도의 용서는 회개와 치유와 의와 회복을 일으키는 능력이고 힘이다.
용서가 아니면 주님의 일은 아무것도 이룰 수 없다.

우리가 사람을 용서하면 예수님께서 우리의 증인이 되신다. 용서는 인간관계에 국한되는 것 같지만 사실은 하나님께서 인정하신다. 그것은 하나님의 상을 의미하는 것이고 그것을 통하여 하나님의 능력이 임한다는 뜻이다. 용서가 바로 능력이요 힘이 되는 것이다. 하나님의 용서가 사람을 변화시켰다. 그러면 세상을 변화시킨 것은 무엇의 힘인가? 그리스도의 용서의 힘이요 그리스도인들의 용서의 힘이었던 것이다. 용서는 힘이요 능력이다. 심지어 우리가 죄를 사하면 하나님도 죄를 사해주신다.

"너희가 누구의 죄든지 사하면 사하여질 것이요 누구의 죄든지 그대로 두면 그대로 있으리라 하시니라"(요 20:23)

우리는 그리스도인들이요 신분적으로 의인들이다. 영적인 의미에서 의인이란 자기 죄를 용서받고 타인을 용서하는 사람이다. 용서하는 사람이라는 뜻은 저 하늘에 속한 것 외에는 다 양보할 수 있는 사람이라는 것이다. 우리가 용서하고 용납하고 양보하면서 살 때 사람들은 우리를 그리스도인이라고 인정해 줄 것이다. 참된 용서가 참된 사랑의 근원이 된다. 용서로부터 비롯되는 능력은 믿음의 전 영역에 걸쳐서 다양하게 나타나지만, 용서하지 못한다면 사실상 우리는 아무것도 할 수 없다. 예수 그리스도의 구원사역은 용서로부터 시작되었다.

"서로 친절하게 하며 불쌍히 여기며 서로 용서하기를 하나님이 그리스도 안에서 너희를 용서하심과 같이 하라"(엡 4:32)

그리스도인은 용서하는 사람들이다. 용서야말로 내가 먼저 사는 길이고 복음이 만민에게 전파될 수 있는 지름길이다.

제3장

버려야 사는 그리스도인

버리는 사람들 1

배설물을 쌓는 사람은 가장 어리석은 사람이다

> 세상에서는 쌓을수록 명성을 얻고 천국에서는 버릴수록 영광을 얻는다.
> 천국백성은 끊임없이 버리는 사람들이다.

그리스도인으로서 버릴 수 있는 것은 소유, 지위, 명예, 돈, 인기, 권력, 자랑 등 끝이 없다. 그 자체는 귀하다. 그것을 얻기 위해서 땀과 눈물과 인내가 들어 있기 때문이다. 그러나 사도 바울은 그런 것들을 배설물로 여긴다고 했다. 그리스도를 얻고 그 안에서 발견되기 위해서이다. 바울에게 있어서 배설물이란 그리스도 안에서 사는 데 필요한 것 이외의 모든 것을 의미한다.

> "… 내가 그를 위하여 모든 것을 잃어버리고 배설물로 여김은 그리스도를 얻고 그 안에서 발견되려 함이니"(빌 3:8-9上)

똑같은 소유, 지위, 명예, 돈, 인기, 권력, 자랑이라 할지라도 그리스도와 함께 하는 데 도움이 된다면 그것은 보화이다. 그러나 조금이라도 방해가 된다면 그것은 배설물이다. 버려야 할 것을 버리지 못한다면 결코 온전한 그리스도인이라고 할 수는 없다. 그리스도인의 정체성의 시작이 버리는 것이기 때문이다.

"이와 같이 너희 중의 누구든지 자기의 모든 소유를 버리지 아니하면 능히 내 제자가 되지 못하리라"(눅 14:33)

버려야 시작된다. 버려야 모든 것을 얻을 수 있고, 버릴 수 있어야 참된 신앙인이 될 수 있다. 버리지 못한다면 아무 것도 할 수 없다. 그리스도인으로서 출발조차 못하게 된다. 박해시대의 신앙은 예수님을 영접하고 믿을 때 심하면 목숨까지도 위협받을 수 있다는 사실을 받아들이는 것이었다. 현대 교회의 위기는 버려야 한다는 인식을 잃어버렸기 때문에 나타나는 현상이다.

" … 인자가 자기 영광의 보좌에 앉을 때에 나를 따르는 너희도 열두 보좌에 앉아 이스라엘 열두 지파를 심판하리라"(마 19:28)

왜 그리스도인의 정체성이 버림이어야 하는가? 버리지 않으면 주님을 따를 수 없고 그리스도인으로서 살 수가 없기 때문이다.

버리는 사람들 2

'썩을 것들'은 욕이 아니라 진리이다.

새들이 배설물을 버려야 날듯이 그리스도인은 세상 것을 버려야 건강해지고 세상에 승리할 수 있다.

배설물인가 아닌가를 분간하게 만드는 것은 썩을 것인가 썩지 않을 것인가의 문제로 이끌어질 수 있다. 세상에서 추구하는 모든 것은 결국 썩어 없어질 것이기 때문이다. 썩을 것을 추구한다면 그것은 배설물이고 썩지 않을 것을 바라보고 나아간다면 그것은 보화가 된다. 썩을 것이라는 말은 원래는 새것이었다는 말이다. 새것은 영원히 새것 같아 언제까지나 변치 않을 것 같은 착각이 들게 만든다. 돈이 그렇다. 명예와 명성도 죽으면 다 사라진다. 역사책에 기록되어 칭송을 받아도, 자신은 지옥에 떨어져서 고통당하는 일이 얼마든지 가능하다.

"썩을 양식을 위하여 일하지 말고 영생하도록 있는 양식을 위하여 하

라 이 양식은 인자가 너희에게 주리니 인자는 아버지 하나님께서 인
치신 자니라"(요 6:27)

사람들은 썩어질 것들을 붙들고 놓지 않으려고 발버둥 친다. 하지만 썩을 것을 껴안고 있으면 어떻게 되는 줄 아는가? 함께 썩어져서 고통당하면서 사라져버린다. 썩을 것과 썩지 않을 것을 분별하여 썩을 것을 배설물로 여기고 아낌없이 다 버려야 한다. 천국에서는 지상에서의 물질생활에 대해서 반드시 평가하기 때문에 이것은 굉장히 중요한 문제이다. 지금 교회의 구조는 사실상 이웃에게 직접 접촉하면서 그리스도의 사랑을 전파하기 어려운 구조이다. 모든 것이 교회로만 집중되어 있기 때문이다.

"이기기를 다투는 자마다 모든 일에 절제하나니 그들은 썩을 승리자의
관을 얻고자 하되 우리는 썩지 아니할 것을 얻고자 하노라"(고전 9:25)

작고 사소해도 하늘에 썩지 않을 보화로 쌓일 수 있고,
크고 대단한 것이라도 세상에서 썩어 없어져버릴 수도 있다.

버리는 사람들 3
소유는 천국까지 가는 연료일 뿐이다

자신을 위해 쓰면 썩을 것이고 복음을 위해 쓰면 썩지 않을 것이다.
이 뚜렷한 기준을 따라가기 위해 신앙생활을 한다.

예수님은 영생을 얻는 비결을 모든 소유를 팔아서 가난한 사람들에게 나누어주는 것이라고 하셨다. 물론 그것은 단지 영생의 출발점이다. 영생의 비결을 질문했던 청년은 재물이 많기 때문에 근심하며 가버렸다. 영생보다 재물이 우선이었다. 삭개오도 돈이 많은 사람이었지만 전재산이 아니라 절반만 가난한 사람들에게 주겠다고 했다. 그런데 예수님은 구원을 선포하셨다.

" … 주여 보시옵소서 내 소유의 절반을 가난한 자들에게 주겠사오며 만일 누구의 것을 속여 빼앗은 일이 있으면 네 갑절이나 갚겠나이다 예수께서 이르시되 오늘 구원이 이 집에 이르렀으니 이 사람도 아브라함의 자손임이로다"(눅 19:8-9)

모든 것을 버린다는 의미는 무엇인가? 문자 그대로 모든 것을 버리는 것으로만 해석할 일은 아니다. 예수님을 따른다는 것도 실제로 예수님을 따라다닌다는 의미만은 아닌 것과 같다. 삭개오는 절반을 나누겠다고 했지만 실제로 예수님을 따라나서지 않았다. 그러나 그는 예수님을 따르는 사람이 되었다.

"인자가 온 것은 잃어버린 자를 찾아 구원하려 함이니라"(눅 19:10)

제자들은 모든 것을 버리고 예수님을 따랐지만 그것은 아직 모든 것을 버리고 예수님을 따르는 것이 아니었다. 여전히 자기들의 욕심을 내세웠기 때문이다. 부자가 천국에 들어갈 수 없음을 말씀하신 의도는 그들이 영생을 위해 썩을 것을 버릴 마음이 없었기 때문이다. 부자 청년은 예수님께서 말씀하신 본질을 깨닫지 못했고, 삭개오는 소유의 근원적인 이치를 알고 있었다.

"우리가 살아도 주를 위하여 살고 죽어도 주를 위하여 죽나니 그러므로 사나 죽으나 우리가 주의 것이로다"(롬 14:8)

우리의 전부가 하나님의 것이라는 확신이 그리스도인의 정체성이다. 복음과 부딪치는 모든 것은 배설물이요 썩어질 것이다.

버리는 사람들 4

존재가치를 내세울수록 무가치한 사람이다

예수님처럼 세상의 존재가치를 버려야 하나님께 인정받을 수 있고 성도답게 살 수 있다. 그것이 그리스도인의 정체성이다.

한 인간으로서의 존재가치를 버리지 못하면 물질이든 재산이든 쉽게 포기할 수 없다. 그리스도인의 존재가치는 이 세상이 아니라 하나님께 있다. 하나님께서 존재가치를 높여주시면 가치 있는 사람이 되지만, 만약에 존재가치를 인정하지 않으신다면 우리는 존재가치를 상실해버릴 것이다. 하나님으로부터 우리의 존재가치를 인정받으려면 세상에서의 존재가치를 버려야 한다. 돈도 마찬가지인데, 돈이란 만능을 뜻하기 때문이다. 하지만 돈이 아니라 인격 전체에 대한 문제이다. 자기사랑, 자랑, 교만, 비방, 감사하지 않음, 거룩하지 않음 등은 전부 같은 말이다.

"돈을 사랑함이 일만 악의 뿌리가 되나니 이것을 탐내는 자들은 미혹을 받아 믿음에서 떠나 많은 근심으로써 자기를 찔렀도다"(딤전 6:10)

예수님은 군병들에게 체포되어 십자가에서 운명하시기까지 세상에서는 존재가치 제로의 모습이었다. 그러나 하나님께서는 모든 만물들보다 높은 존재가치를 인정받으셨다. 우리 그리스도인들의 버림도 이와 같다. 버림의 목적 중 하나는 저 하늘에서 우리들의 존재를 인정받는 것이다. 예수님은 끊임없이 자기를 낮추고 버리라고 말씀하셨다. 이 세상에서의 존재가치가 우리들을 결정하는 것이 아니라 하나님께서 인정하시는 존재가치가 진정한 우리들의 가치이기 때문이다.

"누구든지 자기를 높이는 자는 낮아지고 누구든지 자기를 낮추는 자는 높아지리라"(마 23:12)

그리스도인으로서 세상에 자기를 높이려는 사람들보다 더 어리석은 사람은 없다. 그것은 하나님으로부터 멀어지는 길이다.

제4장

싸우는 그리스도인

싸우는 사람들 1

싸우지 않으면 날개 없는 새처럼 추락한다

그리스도인은 스스로 선한 싸움을 싸우지 않으면 실패하는 사람들이다.
자전거 페달을 밟지 않으면 쓰러지는 것과 같다.

온전한 그리스도인은 본래 그런 사람이라서가 아니라 스스로 엄청난 싸움을 싸운 결과라는 것을 알아야 한다. 자신과 싸우고 영적으로 싸우고 세상의 가치체계와 싸우고 비본질적인 요소들과 싸우고 있는 사람인 것이다. 그렇게 잘 싸우지 않고는 일관된 그리스도인의 자세를 유지하기 어렵다. 사도 바울조차도 스스로 싸우지 않고 그 모든 것을 이룰 수는 없었다. 때로 세상에서 아주 잘 싸우는 기독교인을 본다. 싸워서 이겨야 직성이 풀리고 경쟁에서 승리해야 하나님이 도왔다고 말한다. 하지만 그 사람은 그리스도인으로서의 정체성 의식이 전혀 없는 사람이다.

"그러므로 나는 달음질하기를 향방 없는 것 같이 아니하고 싸우기를 허공을 치는 것 같이 아니하며 내가 내 몸을 쳐 복종하게 함은 내가 남에게 전파한 후에 자신이 도리어 버림을 당할까 두려워함이로다"(고전 9:26-27)

예수 믿으면 평안이 있고 기쁨이 오고 문제가 풀리고 축복을 받는다고 하는데, 그런데 싸워야 한다고? 결론부터 말하자면 싸우지 않고는 온전한 신앙생활을 할 수 없다. 바울은 영적 아들 디모데에게 보내는 편지에서 선한 싸움을 강조하고 있다. 이것은 계속해서 선한 싸움을 싸울 것을 권면하는 것이다. 그리스도인의 정체성은 어떤 싸움을 어떻게 싸우느냐에 달려있다. 당연히 싸워야 할 싸움을 싸우지 않는다면 목적지인 영생에 이르지 못할 뿐만 아니라 마귀의 밥이 되고 만다.

"나는 선한 싸움을 싸우고 나의 달려갈 길을 마치고 믿음을 지켰으니 이제 후로는 나를 위하여 의의 면류관이 예비되었으므로 주 곧 의로우신 재판장이 그 날에 내게 주실 것이며 내게만 아니라 주의 나타나심을 사모하는 모든 자에게도니라"(딤후 4:7-8)

**달려갈 길을 끝까지 달려간 후에는 의의 면류관이 기다리고 있다.
믿음의 선한 싸움은 하늘의 면류관으로 돌아온다.**

싸우는 사람들 2

선한 싸움은 피 흘리기까지 마귀를 대적하는 것이다

선한 싸움은 죄와 고난과 정욕과 다툼과의 싸움이며 목적은 십자가이다.
결국 선한 싸움은 마귀와의 대적이어야 한다.

그리스도인의 선한 싸움은 생명과 직결되어 있기 때문에 선한 싸움은 죽기 살기로 모든 힘을 다해야만 승리할 수 있는 싸움이다. 가장 먼저 죄와 싸워야 한다. 죄를 짓는 순간은 마귀의 자식과 같이 된다. 히브리서는 죄와 싸울 때에는 피 흘리기까지 대항해야 한다고 말한다(히 12:4). 그리고 고난과 싸워야 한다. 고난은 끝까지 참되 피하거나 포기하지 않아야 한다.

> "그리스도를 위하여 너희에게 은혜를 주신 것은 다만 그를 믿을 뿐 아니라 또한 그를 위하여 고난도 받게 하심이라 너희에게도 그와 같은 싸움이 있으니 너희가 내 안에서 본 바요 이제도 내 안에서 듣는 바니라"(빌 1:29-30)

육체의 정욕과의 싸움은 피해야 한다. 다른 싸움은 대적해야 하지만 육체와의 싸움은 피하는 것이 선한 싸움이다. 우상숭배의 자리도 피해야 한다. 쓸데없이 부딪치는 분쟁이나 다툼도 피해야 한다. 교회 안의 논쟁이나 감정싸움도 피해야 한다. 선한 싸움은 대적할 때와 피할 때를 잘 분별해야 한다.

"그러나 어리석은 변론과 족보 이야기와 분쟁과 율법에 대한 다툼은 '피하라' 이것은 무익한 것이요 헛된 것이니라"(딛 3:9)

가장 중요한 싸움은 자기 자신과의 싸움이다. 목적은 자기 십자가를 지고 주님을 따르는 것이다. 타락한 본성과 싸우려면 자기를 부인할 수밖에 없다. 하지만 우리를 공격하는 실체는 마귀 곧 악한 영들의 세력이다. 못된 자아가 우리를 괴롭히지만 그 죄와 연약함과 허물을 파고들어오는 것은 마귀이기 때문이다. 생명을 걸고 선한 싸움을 벌이지 않으면 번번이 패할 수밖에 없다.

"내 지체 속에서 한 다른 법이 내 마음의 법과 싸워 내 지체 속에 있는 죄의 법으로 나를 사로잡는 것을 보는도다"(롬 7:23)

오직 성령님의 도우심을 믿고 마귀를 대적할 때에 마귀는 믿음이 강한 그리스도인을 피하게 되어 있다.

싸우는 사람들 3

무기도 없이 마귀와 싸우는가?

영적 싸움은 방어적일 수밖에 없으며 최종적인 강력한 무기는 말씀이다.
마귀와의 싸움은 정복이 아니라 대적이다.

성도의 무기는 돈이나 권력이나 군중들이 아니라 하나님의 능력이다. 자기 힘만으로 마귀의 대적이 못 되기 때문이다. 그래서 그리스도께 복종하는 것이 우리 싸움의 본질이다. 이 싸움은 정복이 목적이 아니라 마귀와 대적하는 것이다. 마귀는 끝날까지 세상을 지배할 것이기 때문에 마귀 정복은 하나님의 소관이다. 어떤 면에서 마귀는 성도들의 믿음을 성장시키는 훈련 대상이다.

"마귀의 간계를 능히 대적하기 위하여 하나님의 전신갑주를 입으라"
(엡 6:11)

마귀와 대적하기 위한 전신갑주는 거의 수비를 위한 복장이다. 공격무기는 성령의 검 곧 하나님의 말씀뿐인데 그것도 공격용이라기보다는 방어무기에 가깝다. 예수님도 마귀의 공격을 말씀이라는 무기로 이기셨다. 말씀이 강력한 무기가 되려면 그 말씀이 살아있어야 하는데, 그것은 말씀에 순종하는 길밖에 없다.

> "그런즉 서서 진리로 너희 허리띠를 띠고 의의 호심경을 붙이고 평안의 복음이 준비한 것으로 신을 신고 모든 것 위에 믿음의 방패를 가지고 이로써 능히 악한 자의 모든 불화살을 소멸하고 구원의 투구와 성령의 검 곧 하나님의 말씀을 가지라"(엡 6:14-17)

영적 싸움의 또 한 가지 무기는 바로 지혜인데, 그것은 싸워 이기는 지혜가 아니라 마귀의 올무를 분별하는 지혜이다. 마귀는 모든 경우에 속임수로 가짜 진리를 믿게 만들려는 올무나 함정을 사용한다. 번영과 성공으로 유혹하거나 거짓 그리스도로 미혹하기도 한다. 마귀는 태초에 아담을 무너뜨린 그 전략을 오늘날에도 여전히 똑같이 사용하고 있다.

> "뱀이 여자에게 이르되 너희가 결코 죽지 아니하리라 너희가 그것을 먹는 날에는 너희 눈이 밝아져 하나님과 같이 되어 선악을 알 줄 하나님이 아심이니라"(창 3:4-5)

마귀는 사소한 감정싸움이나 말의 실수를 통해서도 공격하기 때문에 마귀의 올무를 피하는 것이 영적 싸움의 최상책이다.

싸우는 사람들 4

사탄의 급소는 선과 절제와 향기와 평안이다

성도는 그리스도인의 삶의 방식을 드러낼 때 가장 강력할 수 있다.
복음은 결국 삶으로 증명해야 하기 때문이다.

그리스도인의 선한 싸움은 영적 싸움이며 전쟁이다. 실패가 가장 위대한 승리일 때가 많다. 예수님의 십자가 고난이 그랬다. 그래서 그리스도인은 성공이 아니라 승리하는 사람들이다. 어떤 방식으로 세상을 이기는가? 그리스도인의 정체성대로 사는 삶의 방식이다. 그리스도인은 삶의 방식으로 세상을 이길 수 있다.

"네 원수가 주리거든 먹이고 목마르거든 마시게 하라 그리함으로 네가 숯불을 그 머리에 쌓아 놓으리라 악에게 지지 말고 선으로 악을 이기라"(롬 12:20-21)

먼저는 믿음으로 싸운다. 각자의 삶의 방식이 믿음의 표출이며, 믿음이 삶의 방식을 결정한다. 전혀 새로운 사람들로서 우리 안에 계신 성령님의 도우심으로 이긴다. 성령님께서 인도하시는 삶의 방식이 세상에서 승리하게 만든다. 그리스도인은 하나님의 사랑 안에 거함으로써 세상을 이길 수 있다.

> "무릇 하나님께로부터 난 자마다 세상을 이기느니라 세상을 이기는 승리는 이것이니 우리의 믿음이니라 예수께서 하나님의 아들이심을 믿는 자가 아니면 세상을 이기는 자가 누구냐"(요일 5:4-5)

그리스도인은 선으로 악을 이겨야 한다. 원수를 사랑의 대상으로 삼으면 이길 수 있다. 또한 절제함으로써 세상을 이긴다. 똑같이 돈과 권력과 힘으로 대들어서는 결코 세상을 이길 수 없다. 그리스도를 아는 향기로도 세상을 이긴다. 당연하게도 십자가로 세상을 이겨야 한다. 십자가를 잃어버린 비전은 거짓일 뿐이다. 싸움의 방식은 아닐지 모르지만 평안을 누림도 세상을 이기는 힘이 된다. 평안은 그리스도 안에 거한다는 증거이다.

> "이것을 너희에게 이르는 것은 너희로 내 안에서 평안을 누리게 하려 함이라 세상에서는 너희가 환난을 당하나 담대하라 내가 세상을 이기었노라"(요 16:33)

영적 싸움의 무기는 아주 독특하고 다양하다. 그리스도인은 삶의 방식으로 싸운다. 기독교는 그것으로 세상을 정복했다.

싸우는 사람들 5

지금 싸우지 않으면 다 지옥 간다

주님의 삶의 방식으로 싸우는 사람들이 성도이다.
총알이 언제 어디에서 날아올지 모르는 살벌한 영적 싸움의 현장이다.

지금 복음과 일치된 기독교를 사는가? 복음과 일치된 신앙생활, 교회, 삶의 방식, 물질생활 등 복음의 가치와 방향과 목적을 뚜렷하게 인식하고 있다면 기독교는 여전히 세상을 정복하고 있을 것이다. 하지만 지금 교회와 세속을 구분하기 힘들고, 삶의 방식이 구별되지 않는다. 세상이 추구하는 것을 성도들이 똑같이 쫓고 있다.

"우리가 판단을 받는 것은 주께 징계를 받는 것이니 이는 우리로 세상과 함께 정죄함을 받지 않게 하려 하심이라"(고전 11:32)

원인이 어디에 있는가? 교회가 더 이상 싸우지 않기 때문이다. 목표를 잃어버렸고 과녁을 놓쳐버렸으며 어떻게 할지 감을 잡지 못하고 있다. 그리스도인으로서의 정체성, 새로운 인류로서의 자긍심이 없는데 어떻게 싸울 수 있겠는가? 결국 교회의 쇠퇴는 싸우지 않기 때문에, 싸울 줄 모르기 때문에 일어난 일이다.

> "통치자들과 권세들을 무력화하여 드러내어 구경거리로 삼으시고 십자가로 그들을 이기셨느니라"(골 2:15)

싸움의 기술을 가르쳐야 한다. 몸에 배는 삶의 방식을 훈련하는 것이다. 싸움의 기술은 세상과 대항하는 방식이다. 사람이 아니라 그들의 가치관, 삶의 방식, 그들의 생각과 싸우는 것이다. 결국 싸움의 기술이란 하나님만을 의지하는 훈련, 성령님께 자신을 비워드리는 훈련, 하나님을 전적으로 신뢰하는 훈련이다. 싸움의 기술은 성공이 아니라 세상에 대한 태도를 말한다.

> "보라 하나님은 나의 구원이시라 내가 신뢰하고 두려움이 없으니 주 여호와는 나의 힘이시며 나의 노래시며 나의 구원이심이라"(사 12:2)

**싸워야 대적자의 정체를 알고, 하나님의 능력과 힘을 깨닫는다.
죄와 마귀와 탐욕과 자신과 싸우는 사람이 그리스도인이다.**

제5장

정체성의 정리

정체성 정리 1

혹시 거짓 그리스도인이 아닌가?

온전한 그리스도인이란 복음의 정체성을 소유하고
비록 삐뚤빼뚤할지라도 정체성과 같은 방향으로 걸어가는 사람들이다.

그리스도인의 정체성의 가장 큰 특징은 용서하는 그리스도인, 버리는 그리스도인, 싸우는 그리스도인이다. 물론 그리스도인들은 다른 많은 특징들을 가지고 있다. 그리스도인이란 전혀 새로운 피조물이며 두 번째 태어난 새로운 종족, 곧 신인류이다. 그리스도인의 세 가지 특징은 세상 속에서 드러나야 하는 삶의 방식이고, 그것을 다른 말로 하면 신분에 걸맞는 삶의 자세를 가져야 한다는 뜻이다. 어떤 신분으로 어떻게 세상을 살아가야 하는가에 대해서 살펴보아야 한다.

" … 너희 빛이 사람 앞에 비치게 하여 그들로 너희 착한 행실을 보고 하늘에 계신 너희 아버지께 영광을 돌리게 하라"(마 5:16)

신앙인들이 자기 신분에 맞지 않는 언행을 보인다면 그 사람의 정체성은 바르지 않은 것이다. 그것이 아니라면 그는 그리스도인이라는 이름을 가졌지만 사실은 거짓 정체성을 가진 가짜 그리스도인일 것이다. 세상 속에 섞여서 마음대로 살면서도 평안을 말하고 천국소망을 입에 담고 있다면, 그것은 명백한 거짓 정체성이다. 모든 교인들 중에 적어도 절반 이상은 이런 거짓 정체성을 가지고 살아가고 있을 것이다. 완전한 그리스도인을 요구하는 것이 아니다. 적어도 하나님께 대한 기본적인 방향과 신앙의식은 가지고 있어야 한다는 말이다.

" … 너희가 박하와 회향과 근채의 십일조는 드리되 율법의 더 중한 바 정의와 긍휼과 믿음은 버렸도다 그러나 이것도 행하고 저것도 버리지 말아야 할지니라"(마 23:23)

하나님께 속한 사람은 하나님의 말씀이 귀에 들리는 사람들이다.
하나님의 진리의 영이 우리 속에 내주하시기 때문이다.

정체성 정리 2

지금 당신은 하나님께 누구인가?

하나님과의 관계의식이 정체성이다. 그것은 하나님의 자녀요 상속자요 동역자요 성전이요 그리스도의 지체라는 확신이다.

그리스도인은 하나님께 속한 사람이고, 하나님의 자녀요, 하나님의 식구, 가족이다. 우리에게는 하나님의 자녀로서 상속권이 있다. 하지만 상속자라면 고난을 함께 받고 고난과 싸워서 이겨야 할 것이다. 고난을 이기는 것에 그치는 것이 아니라 우리가 하나님의 일을 감당하는 하나님의 동역자들이라는 사실을 확신해야 한다. 한 걸음 더 나아가서 우리는 예수님의 양이요 포도나무 가지요 신부요 친구이다. 예수님을 믿는다고 할 때 이런 의식을 가지고 있어야 비로소 정체성을 소유하는 사람이 되는 것이다. 바울은 그런 의미에서 우리를 '하나님의 집'이라고까지 표현하였다.

"그리스도는 하나님의 집을 맡은 아들로서 그와 같이 하셨으니 우리가 소망의 확신과 자랑을 끝까지 굳게 잡고 있으면 우리는 그의 집이라"(히 3:6)

그리스도인이란 살아도 죽어도 주를 위한 존재라는 사실을 새기지 못한다면 절대로 주를 위해 죽을 수 없다. 물론 성령님께서 결정적으로 역할을 하셔야 한다. 하나님의 영이 임하실 때 성도가 거듭나는 것이기 때문에 신인류라고 하는 것이다. 그래서 로마서에서는 우리가 양자의 영을 받았다고 말한다. 하나님이 우리의 아빠 아버지가 되시고 세상과는 전혀 다른 정체성을 가진 존재가 되는 것이다. 신인류 한 사람 한 사람은 하나님의 영이 계신 성전이요 성령의 전이요 그리스도의 집이다.

"만일 너희 속에 하나님의 영이 거하시면 너희가 육신에 있지 아니하고 영에 있나니 누구든지 그리스도의 영이 없으면 그리스도의 사람이 아니라"(롬 8:9)

우리 안의 성령께서 우리를 인도하신다는 것을 믿는다면 우리를 비워야 한다. 비우기만 하면 100% 의의 길로 인도하신다.

정체성 정리 3

안 되면 그리스도인 흉내라도 내고 시작하라

세상 속에서의 그리스도인의 정체성은 세상에 드러내 보이는
삶의 모습들이다. 삶으로 증명하지 않으면 정체성은 없다.

그리스도인의 정체성에는 보이는 정체성과 보이지 않는 정체성이 있다. 보통 보이지 않는 신분적인 정체성은 많이 이야기하지만, 사람들에게 고스란히 드러나는 정체성을 별로 말하지 않는다. 이 보이는 정체성이 세상 속에서의 정체성이다. 우리는 반드시 세상 속에서 그 정체성을 드러내야 한다. 내면의 정체성의 외적인 모습이 세상에서의 정체성인 것이다.

"너희는 세상의 빛이라 산 위에 있는 동네가 숨겨지지 못할 것이요"(마 5:14)

우리는 세상의 빛이다. 빛이란 죄와 의를 구별되게 하고, 아름다움이 드러나게 만든다. 물론 우리는 발광체가 아니라 반사체이다. 우리는 세상의 소금이다. 소금은 맛과 멋과 생명의 세 가지 기능을 가진다. 맛은 사람들에게 살 맛 나는 세상을 만들어주는 역할이고, 멋은 부패를 막아줌으로써 진짜 멋이 무엇인지를 보여주며, 소금은 생명을 유지하게 하고 지켜준다.

"너희는 세상의 소금이니 소금이 만일 그 맛을 잃으면 무엇으로 짜게 하리요 후에는 아무 쓸 데 없어 다만 밖에 버려져 사람에게 밟힐 뿐이니라"(마 5:13)

그리스도의 향기를 풍기는 것도 세상 속에서의 정체성이다. 그리스도인들이 악취가 나게 할 수는 없지 않겠는가? 우리가 바로 그리스도의 편지라는 표현도 적절하다. 사람들이 예수님을 잘 읽을 수 있도록 명확한 문장과 맛깔 나는 표현의 삶을 살아야 한다. 우리는 세상을 향한 그리스도의 편지들이다.

" … 우리로 말미암아 나타난 그리스도의 편지니 이는 먹으로 쓴 것이 아니요 오직 살아 계신 하나님의 영으로 쓴 것이며 또 돌판에 쓴 것이 아니요 오직 육의 마음판에 쓴 것이라"(고후 3:3)

그리스도인은 하나님의 통로이다. 사도 요한의 고백처럼 광야에서 외치는 자의 소리로 살아가는 것이 우리의 정체성이다.

정체성 정리 4

택자의 정체성, 왕의 권위, 백성의 열정이 있는가?

> 택하신 족속, 왕 같은 제사장은 정체성의 정의이지 지향점이 아니다.
> 다만 그 정체성에 걸맞는 삶을 살고 있어야 한다.

사도 베드로는 그리스도인을 가리켜 택하신 족속, 왕 같은 제사장, 거룩한 나라, 그의 소유 된 백성이라고 했다. 물론 이것은 신분적인 정체성이다. 이 정체성이 세상 속에서 활짝 펼쳐져야 한다. 그리스도의 아름다운 덕을 세상 구석구석까지 퍼지게 만들어야 한다. 정체성이란 어떤 방향이나 목적이 아니라 지금 현재의 상태이다. 세상 속에서 빛과 소금의 역할을 감당해야 하는 것이 아니라 지금 현재 세상의 빛과 소금이다. 정체성이 확고한 사람은 세상의 빛과 소금의 역할을 조금이라도 감당할 수 있다.

"그러나 너희는 택하신 족속이요 왕 같은 제사장들이요 거룩한 나라요 그의 소유가 된 백성이니 이는 너희를 어두운 데서 불러내어 그의 기이한 빛에 들어가게 하신 이의 아름다운 덕을 선포하게 하려 하심이라"(벧전 2:9)

팔복에 대해서도 보통은 앞으로 언젠가는 심령이 가난하고 애통하고 온유하며 의에 주리고 목마른 자가 되도록 노력해야 한다고 생각한다. 그러나 예수님은 너희는 이미 팔복을 받아서 누리고 있는 사람들이라고 하시는 것이다. 그래서 팔복은 그리스도인의 정체성인 것이다. 가난한 심령은 하나님 아니면 죽을 수밖에 없는 상태인데, 우리가 예수님을 인격적으로 믿고 있다는 것은 우리가 이미 심령이 가난한 사람이 되어 있다는 것을 말하는 것이다. 심령이 가난하지 않고는 하나님을 믿을 수가 없다. 다른 복들도 긴밀하게 이어진다. 정체성은 신분을 고스란히 잘 드러내는 것이어야 한다.

"예수께서 눈을 들어 제자들을 보시고 이르시되 너희 가난한 자는 복이 있나니 하나님의 나라가 너희 것임이요"(눅 6:20)

드러내지 못하는 정체성은 정체성이 아니다.
정체성을 잃고 세속의 문을 열어젖힌 교회를 다시 교회답게 해야 한다.

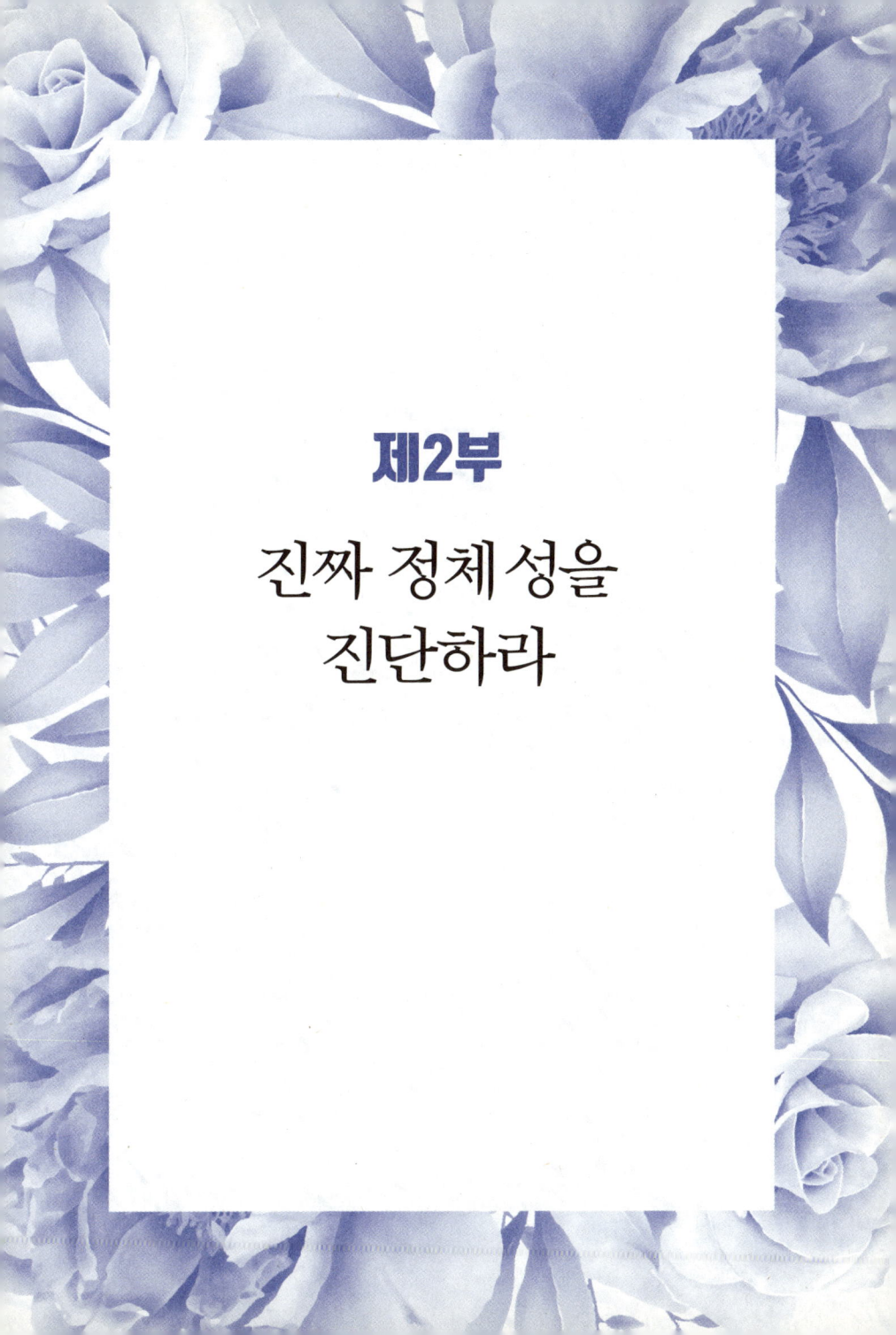

제2부

진짜 정체성을 진단하라

제6장

정체성 인식과
정체성 행동

정체성 인식과 행동 1

진짜 당신의 정체는 무엇인가?

그리스도인의 자기정체성을 알아보려면 정체성 행동을 진단해보아야 한다.
자신도 모르는 자기의 가면이 벗겨져야 한다.

그리스도인의 정체성을 가지고 있지 못해도 우리는 거듭난 그리스도인들이다. 정체성은 교육이 아니라 훈련을 통해서 획득될 수 있는 것이기 때문이다. 우리가 생각하는 정체성과 진짜로 가지고 있는 정체성을 알아야 한다. 우리는 하나님께서 그리스도 예수님을 통해서 우리에게 부여하신 정체성을 회복해야 한다.

> "또 말하되 누구냐 우리를 보낸 이들에게 대답하게 하라 너는 네게 대하여 무엇이라 하느냐"(요 1:22)

바리새인들은 하나님의 선민이라는 정체성을 가지고 있었다. 유대인은 하나님의 율법을 가졌고 하나님께서 임재하시는 성전에서 제사를 드리는 유일한 민족이었다. 만약에 하나님께서 한 민족을 구원하신다면 그것은 이스라엘일 것이다. 다윗의 후손 중에서 메시아가 나시리라고 약속하셨기 때문이다. 그 이스라엘 민족을 영적으로 다스리는 지도자들이 바리새인들이었다.

"서기관들과 바리새인들이 모세의 자리에 앉았으니"(마 23:2)

그러나 그들의 정체성은 하늘 높은 줄을 몰랐고 민족의 모든 가치 판단의 기준이 되고자 했다. 이것이 스스로의 정체성이었다. 하지만 그들의 진짜 정체성은 오히려 메시아를 십자가 못 박게 만들고 말았다. 자신이 인식하는 정체성과 실제로 가지고 있는 정체성은 이렇게 완전히 다를 수 있다. 우리는 우리가 실제로 소유하고 있는 정체성을 진단해야 한다.

"그러므로 무엇이든지 그들이 말하는 바는 행하고 지키되 그들이 하는 행위는 본받지 말라 그들은 말만 하고 행하지 아니하며 또 무거운 짐을 묶어 사람의 어깨에 지우되 자기는 이것을 한 손가락으로도 움직이려 하지 아니하며"(마 23:3-4)

정체성 인식과 정체성 행동 사이의 간격이 좁을수록 신실한 그리스도인이다. 신앙훈련은 이 간격을 좁히는 방향이어야 한다.

정체성 인식과 행동 2

바리새인들의 진짜 소망?

바리새인의 자기인식은 메시아 대망이지만 실제로는 메시아를 못 박았고, 자기인식은 율법수호이지만 정체성은 이익수호였다.

그들은 입으로는 항상 메시아를 대망한다고 했지만 사실 메시아는 그들의 소망이 아니었다. 그들의 소망은 백성들로부터의 변함없는 존경이며, 자신들의 권위이며, 자손 대대로 그 자리를 빼앗기지 않으려는 욕심이었다. 그렇기 때문에 그들은 혹시 자기들의 기득권이 손상당할까봐 전전긍긍할 뿐이었다. 예수님의 말씀에서 그들이 스스로 인식하고 있는 정체성과 실제 정체성의 차이를 발견할 수 있다. 그들은 자기들의 행위를 사람들에게 보이려고 했고 높은 자리에 앉기를 좋아했다.

"그들의 모든 행위를 사람에게 보이고자 하나니 곧 그 경문 띠를 넓게 하며 옷 술을 길게 하고 잔치의 윗자리와 회당의 높은 자리와 시장에

서 문안 받는 것과 사람에게 랍비라 칭함을 받는 것을 좋아하느니라"(마 23:5-7)

바리새인 자신들은 율법의 수호자로서 하나님의 나라를 기다리는 사람들이라고 인식하고 있었다. 모든 이스라엘인들이 메시아를 기다리고 있었지만, 바리새인들은 자기들이 가장 바르다고 생각하고 있었다. 그러나 정작 자신들의 소망은 메시아와 전혀 관계없었다. 바리새인들의 자기인식처럼 하늘에 속한 정체성을 가지고 있었다면 그들은 소망을 땅에 두지 않았을 것이다. 자기들이 생각하고 있는 정체성대로라면 세례 요한이 활동할 때부터 과연 누가 진짜 메시아일까를 찾아야만 했을 것이다. 하지만 그들의 현실적인 정체성은 물질에 있었던 것이다.

"바리새인들은 돈을 좋아하는 자들이라 이 모든 것을 듣고 비웃거늘" (눅 16:14)

아무리 그리스도인임을 말하고 다녀도 무엇을 소망하는가를 진단해보아야 진짜 그리스도인인지를 알 수 있다.

정체성 인식과 행동 3

낙심을 보면 정체성을 안다

바리새인의 거짓 정체성은 예수님이 메시아일 가능성에 대해서
강하게 부정하며 지나치게 두려워하게 만들었다.

어떤 일을 두려워하고 어떤 위기에서 가장 낙심하는가를 보면 진짜 정체성을 알 수 있다. 모든 권한을 쥐고 있었던 바리새인들에게 두려움을 주는 것은 무엇이었을까? 물론 그들은 헤롯 왕의 권세나 로마 총독의 군대를 두려워했을 것이다. 하지만 저들의 진짜 두려움이 오히려 예수가 진짜 메시아가 아닐까 하는 것에 있었다면 정말로 기가 막힌 일이 아니겠는가? 그들이 진짜로 기다려야 할 메시아가 실제로 온 것이 아닐까 하는 것이 두려움이라면 그들의 진짜 정체성은 마귀의 정체성이었던 것이다.

"바리새인들이 서로 말하되 볼지어다 너희 하는 일이 쓸 데 없다 보라

온 세상이 그를 따르는도다 하니라"(요 12:19)

바리새인들이 대제사장들과 장로들로 구성된 공회에서 이 일을 심각하게 의논할 정도였다. 메시아가 오심으로써 망할지도 모르는 사람들은 바리새인들 뿐만은 아니었던 것이다. 당시에 온갖 기득권을 받아 누리고 있던 모든 지도자들도 똑같은 입장에 서 있었다. 그래서 신앙은 수시로 개혁되어야만 하는 것이다. 버릴 것을 버리고 내려놓을 것을 정기적으로 내려놓지 않으면 우리 모두 바리새인들이나 대제사장의 무리들과 똑같아지는 것이다. 아무튼 그들이 스스로 인식하고 있는 정체성과 실제 정체성 사이에는 도저히 건널 수 없는 큰 간격이 있었다.

"이에 대제사장들과 바리새인들이 공회를 모으고 이르되 이 사람이 많은 표적을 행하니 우리가 어떻게 하겠느냐 만일 그를 이대로 두면 모든 사람이 그를 믿을 것이요 그리고 로마인들이 와서 우리 땅과 민족을 빼앗아 가리라 하니"(요 11:47-48)

예수님이 그리스도일 가능성이 아주 컸음에도 그들의 진짜 정체성은 현실에서 누리던 것을 계속 누리는 것이었다.

정체성 인식과 행동 4

거짓된 정체성이 위선을 낳는다

신앙인의 실수는 잘못된 정체성에서 비롯되는 것임을 알아야 한다.
거짓된 정체성은 거짓신앙행위를 낳을 뿐이다.

소망과 낙심의 결과는 반드시 행동으로 드러나게 되어 있다는 점에서 실제 행동은 정체성의 괴리를 분석할 수 있는 또 하나의 지표가 된다. 이들의 정체성의 본질에 대하여 예수님은 너무나도 정확하게 분석해주셨다. 바리새인들은 자기들이 조상 때에 있었다면 선지자들을 죽이지 않았을 것이라고 말한다고 하셨다. 이것은 바리새인들 자신이 인식하고 있는 정체성이다. 그러나 그들은 참 선지자 예수님을 십자가에 못 박지 않았던가? 그들이 행동으로 보여준 진짜 정체성은 하나님이든 메시아이든 오로지 자기들의 안위에만 관심이 있었던 것이다.

"화 있을진저 외식하는 서기관들과 바리새인들이여 너희는 선지자들의 무덤을 만들고 의인들의 비석을 꾸미며 이르되 만일 우리가 조상 때에 있었더라면 우리는 그들이 선지자의 피를 흘리는 데 참여하지 아니하였으리라 하니 그러면 너희가 선지자를 죽인 자의 자손임을 스스로 증명함이로다"(마 23:29-31)

바리새인들의 이런 거짓 정체성은 성전에 기도하러 들어온 한 바리새인의 기도에서 아주 극명하게 나타난다. 세리와 함께 기도하러 들어온 바리새인은 이 세리를 경멸하는 식으로 자기를 드러내 보인다. 그는 신앙생활에서 완벽하다. 하지만 하나님과의 관계성에서는 낙제점이다. 이것이 정체성의 괴리이다. 우리의 정체성이 실체가 되려면 언제나 하나님과의 관계와 이웃과의 관계의 조화 속에서 생각해야 한다. 바리새인들의 정체성은 하나님께서 싫어하시는 것으로만 채워져 있었다.

"두 사람이 기도하러 성전에 올라가니 하나는 바리새인이요 하나는 세리라 바리새인은 서서 따로 기도하여 이르되 하나님이여 나는 다른 사람들 곧 토색, 불의, 간음을 하는 자들과 같지 아니하고 이 세리와도 같지 아니함을 감사하나이다 나는 이레에 두 번씩 금식하고 또 소득의 십일조를 드리나이다 하고"(눅 18:10-12)

정체성 인식과 정체성 행동의 괴리를 확인하려면 역할극이나 몰래카메라처럼 자기행동을 냉정하게 볼 수 있도록 해야 한다.

정체성 인식과 행동 5
당신도 분명히 바리새인이다

참 정체성은 무엇을 소망하고 무엇에 절망하며
어떻게 행동하는가를 보면 알 수 있다.

정체성이란 자신의 존재나 위치에 대한 자기인식이다. 어떤 정체성으로 사느냐가 그 사람을 결정한다. 자기인식이 때로는 오해에 의한 거짓 정체성이 되거나 자기 행동이나 삶과는 전혀 다른 허상의 정체성이 될 수도 있다. 하나님과의 관계에서의 거짓 정체성은 자칫 하나님의 나라와는 완전히 상반된 결과를 가져올 수 있다. 거짓된 정체성을 가지고 있으면 자신만 지옥으로 떨어지는 것이 아니라 다른 사람들까지 지옥으로 끌고 가며, 하나님께 영광을 돌려드리는 것이 아니라 하나님의 얼굴에 먹칠을 해대는 결과가 올 수도 있는 것이다.

"화 있을진저 외식하는 서기관들과 바리새인들이여 너희는 교인 한 사람을 얻기 위하여 바다와 육지를 두루 다니다가 생기면 너희보다 배나 더 지옥 자식이 되게 하는도다"(마 23:15)

거짓 정체성은 개인의 죄로 멸망당할 뿐 아니라 그리스도의 복음의 세계를 가로막는 결과를 가져오게 된다. 이것은 하나님 앞에 너무나도 큰 죄이다. 우리가 알아야 할 것은 바리새인들에게서 나타났던 그런 현상들이 현대를 살아가는 우리 그리스도인들에게서도 여전히 발견될 수 있다는 점이다. 기독교 역사 속에서 무수한 바리새인들이 존재했었고, 우리 시대의 교회에도 바리새인들이 요소요소에 존재할 뿐만 아니라, 우리들 자신의 내면에도 바리새인들의 요소가 존재한다.

"화 있을진저 외식하는 서기관들과 바리새인들이여 너희는 천국 문을 사람들 앞에서 닫고 너희도 들어가지 않고 들어가려 하는 자도 들어가지 못하게 하는도다"(마 23:13)

우리 속에 깊이 숨어있는 바리새적인 요소들을 깨달아야 변화가 시작된다. 그것이 깨지지 않으면 한국 교회에 미래는 없다.

제7장

당신의 소망을 진단하라

소망 진단 1

당신의 속마음이 구하는 것은 무엇인가?

> 소망을 정확하게 진단하려면 소망의 실제적인 우선순위,
> 소망의 본래의 근원을 얼마나 구하는가를 보아야 한다.

대다수의 그리스도인들은 그리스도인으로서의 자기정체에 맞는 삶을 살아가고 있지 못하다. 진짜로 중요한 것은 구하는 것이 이루어지는가의 문제가 아니라 구하는 내용의 분별이며, 하나님께서 기뻐하시는가 외면하시는가의 방향이다. 구하는 것이 바른 것이라면 이루어지는가의 여부와는 관계없이 그 사람의 정체성을 올바로 드러내는 것이다.

> "너희가 얻지 못함은 구하지 아니하기 때문이요 구하여도 받지 못함은
> 정욕으로 쓰려고 잘못 구하기 때문이라"(약 4:2下-3)

가장 먼저 예수님의 일을 구하는가, 자기의 일을 구하는가의

문제가 있다. 바울은 다른 사람들이 다 자기의 일을 구하는 반면에 제자 디모데만은 예수님의 일을 구하는 사람으로 소개하고 있다. 디모데가 구하는 것은 분명히 그리스도 예수의 이름을 구하는 것이다. 그것은 하나님의 교회를 향한 사랑이다.

> "그들이 다 자기 일을 구하고 그리스도 예수의 일을 구하지 아니하되 디모데의 연단을 너희가 아나니 자식이 아버지에게 함같이 나와 함께 복음을 위하여 수고하였느니라"(빌 2:21-22)

또 한 가지는 구하는 것이 자기 영광인가, 하나님께로부터 오는 영광인가 하는 점이다. 문제가 되는 것은 마치 이 영광이 목적인 것처럼 행동하거나 그 영광이 주어지지 않을 때 몹시 섭섭할 수 있다는 점이다. 만약에 자신의 마음을 면밀하게 점검하여 하나님으로부터 오는 영광이 아니라 자기가 받을 영광에 더 마음이 쓰인다면 그 사람은 빨리 회개기도를 시작해야 한다.

> "너희가 서로 영광을 취하고 유일하신 하나님께로부터 오는 영광은 구하지 아니하니 어찌 나를 믿을 수 있느냐"(요 5:44)

**누구의 일을 구하는가는 우선순위 이야기이고,
누구로부터 오는 영광을 구하는가는 영광의 근원을 말하는 것이다.**

소망 진단 2
하나님과 다투지 말고 타인을 위해 구하라

참 그리스도인은 타인과 부딪칠 때 타인의 유익을 구하는 사람이고,
자신의 문제로 하나님을 조르지 않는 사람이다.

바울은 진정한 그리스도인의 정체성은 다른 사람들의 유익을 구하는 것이라고 했다. 단지 조금 손해보고 양보하는 정도가 아니라 아예 상대방의 유익을 우선적으로 생각하라는 것이다. 그것은 한 가지 목적 때문이다. 우리가 상대하는 사람들로 하여금 구원에 이르게 만들기 위해서이다. 우리는 삶의 목적을 저 천국에 두기 때문에 남의 유익을 우선적으로 구할 수 있는 사람이다.

"나와 같이 모든 일에 모든 사람을 기쁘게 하여 자신의 유익을 구하지 아니하고 많은 사람의 유익을 구하여 그들로 구원을 받게 하라"(고전 10:33)

참된 정체성의 마지막 점검은 구하는 것이 일상의 필요인가,

하나님의 나라인가에 맞추어진다. 그리스도인은 일상의 필요를 위해서는 하나님께 구할 필요가 없다. 하나님께서 필요한 모든 것을 이미 다 아시기 때문이다. 물론 하나님과의 교제 차원에서 기도할 수 있지만 그것만을 심각하게 구하는 것은 아니다.

> "너희는 무엇을 먹을까 무엇을 마실까 하여 구하지 말며 근심하지도 말라 … 너희 아버지께서는 이런 것이 너희에게 있어야 할 것을 아시느니라"(눅 12:29-30)

다만 하나님의 나라를 먼저 구하라는 최후의 조건이 필요하다. 하나님의 나라를 세우는 일을 먼저 구하면 세상에서의 모든 필요는 다 채워주신다는 말이다. 마태는 하나님의 나라뿐만 아니라 그 의까지 구하라고 했고, 누가는 한 술 더 떠서 가지고 있는 소유물조차도 다 팔아서 구제하는 일에 써버리라고 예수님이 가르치셨다고 말한다. 이것이 그리스도인의 정체성이다.

> "너희 소유를 팔아 구제하여 낡아지지 아니하는 배낭을 만들라 곧 하늘에 둔 바 다함이 없는 보물이니 거기는 도둑도 가까이 하는 일이 없고 좀도 먹는 일이 없느니라"(눅 12:33)

**누구의 유익을 구하는가는 목표에 대한 것이고,
어떤 필요를 구하는가는 얼마나 하나님 의존적인가를 말하는 것이다.**

소망 진단 3

문제보다 먼저 심령이다

성령 충만, 나라와 의의 열매를 위해 먼저 기도하는가?
그렇지 않다면 우리는 바른 기도를 하는 것이 아니다.

성경이 가르치는 올바른 기도의 모습들을 보면 우리가 신앙 생활에서 실제로 기도하는 모습들과는 상당한 차이가 있는 것을 알 수 있다. 성경에는 질병이나 영적인 싸움에서 승리하기 위한 기도 외에 개인의 문제를 해결하기 위한 기도는 거의 소개되어 있지 않다. 일상의 삶에 필요한 것들은 하나님의 나라와 그 의를 구하기만 하면 하나님께서 다 알아서 채워주신다.

"그런즉 너희는 먼저 그의 나라와 그의 의를 구하라 그리하면 이 모든 것을 너희에게 더하시리라"(마 6:33)

우선 우리는 성령 충만하기를 위해 먼저 기도해야 한다. 왜냐하면 성령 없이 세례 받고 성령 없이 예배드리고 성령 없이 기도할 수 있기 때문이다. 그리스도인의 정체성은 모든 경우에 성령님께 힘입어 살아가는 것이다. 성령님께서 이끄신 열매는 영원하고 결코 깨지지 않는 것이 되는 것이다.

> "그들이 내려가서 그들을 위하여 성령받기를 기도하니 이는 아직 한 사람에게도 성령 내리신 일이 없고 오직 주 예수의 이름으로 세례만 받을 뿐이더라 이에 두 사도가 그들에게 안수하매 성령을 받는지라"
> (행 8:15-17)

우리는 의의 열매를 위해 기도해야 한다. 의의 열매란 성도에게 나타나는 인격적, 영적 감화력을 말한다. 그것은 곧 성령의 아홉 가지 열매로 집약하여 설명할 수 있다. '사랑과 희락과 화평과 오래 참음과 자비와 양선과 충성과 온유와 절제'로 거두어지는 열매들이다. 이것을 소망하고 얻기 위해 진정으로 기도하는 것이 그리스도인의 정체성이다.

> "내가 기도하노라 너희 사랑을 지식과 모든 총명으로 점점 더 풍성하게 하사 … 예수 그리스도로 말미암아 의의 열매가 가득하여 하나님의 영광과 찬송이 되기를 원하노라"(빌 1:9, 11)

진짜 소망을 알아야 우리 정체성의 현주소를 알게 된다.
가장 먼저 성령 충만하기를 소망하고 기도하고 있는가?

소망 진단 4

당신의 기도가 당신의 정체성이다

내적 은사와 섬김의 은사는 동급이다. 무엇보다 올바른 정체성은
이 모든 것을 위해 우선적으로 기도하는 것이다.

우리는 어떤 방식으로든 구원의 복음을 전파하기 위해 택하심 받은 사람들이다. 그렇다면 모든 기도의 가장 기본적인 초점은 영혼구원에 두어야 한다. 과연 우리 기도의 초점이 구원에 있는가? 우리의 관심이 이웃 구원에서 멀어져 있다면 우리가 가지고 있는 그리스도인으로서의 정체성도 희미해져 있는 것이다.

"또한 우리를 위하여 기도하되 하나님이 전도할 문을 우리에게 열어 주사 그리스도의 비밀을 말하게 하시기를 구하라 내가 이 일 때문에 매임을 당하였노라"(골 4:3)

기도할 때 절대 빠져서는 안 될 내용이 바로 사역자, 동역자들을 위한 기도이다. 하나님은 사람을 통해서 일하시기 때문이다. 하나님은 각종 기적과 은사로 하나님의 일을 이루어 가시지만, 그런 모든 경우에 반드시 사람을 앞세우셔서 일해 나가신다. 성도끼리 동역자 의식으로 드리는 기도가 많이 부족하다.

> "이로써 우리도 듣던 날부터 너희를 위하여 기도하기를 그치지 아니하고 구하노니 너희로 하여금 모든 신령한 지혜와 총명에 하나님의 뜻을 아는 것으로 채우게 하시고"(골 1:9)

우리 앞에 원수와 같은 사람이 나타났을 때 어떤 기도가 나오는가? 원수를 갚아달라는 기도인가, 축복하는 기도인가? 이때 나오는 기도가 바로 우리의 정체성이다. 예수님은 더 나아가 그 원수를 사랑하라고 하신다. 그것은 원수를 섬기라는 말이 아니라 그를 용서할 뿐만 아니라 그가 회개하고 돌이켜 하나님의 사람으로 변화되도록 기도하라는 말이다. 기도이든 삶이든 얼마나 하나님께 집중하는가? 그것이 정체성을 결정하는 것이다.

> "너희를 저주하는 자를 위하여 축복하며 너희를 모욕하는 자를 위하여 기도하라"(눅 6:28)

신앙이 성장할수록 하나님의 의를 더욱 뼈저리게 느끼게 된다. 깊은 영성은 이것을 잘 알기 때문에 더 무릎을 꿇게 한다.

소망 진단 5

소망진단으로 숨은 정체성을 발굴하라

번영, 성공, 복에 대한 소망인가, 부활과 영생과 하늘의 상이 소망인가?
어느 쪽인지 혼동하지 말고 심각하게 점검해보라.

바울은 성도들을 소망과 기쁨과 자랑의 면류관이라고 했다. 사람에게 소망을 두고 면류관으로 삼고 있는가? 오직 그리스도 예수님께 소망을 두는 사람이라면 예수님을 따라 스스로를 깨끗하게 하기를 게을리 하지 않는 사람이며, 소망의 인내를 끝까지 잊지 않고 승리하는 사람이다.

> "너희의 믿음의 역사와 사랑의 수고와 우리 주 예수 그리스도에 대한 소망의 인내를 우리 하나님 아버지 앞에서 끊임없이 기억함이니"(살전 1:3)

예수님의 육체의 부활을 부인한다면 그것은 온전한 복음이라고 할 수 없다. 부활을 믿는 것은 성령님께서 깨닫게 하셔야 가능하기 때문이다. 확실한 부활의 소망이 있다면 그런 사람처럼 행해야 한다. 그것은 동시에 영생에 대한 소망이기 때문이다. 영생의 소망으로 사는 사람들이 이 땅의 번영을 소망할 수 있을까? 하늘의 소망, 영생의 소망을 가졌는데 세상에 미련을 두고 다투고 경쟁한다면 그 소망은 죽은 소망이다.

"우리 주 예수 그리스도의 아버지 하나님을 찬송하리로다 그의 많으신 긍휼대로 예수 그리스도를 죽은 자 가운데서 부활하게 하심으로 말미암아 우리를 거듭나게 하사 산 소망이 있게 하시며"(벧전 1:3)

당신의 소망은 정말 주님인가, 아니면 다른 목적인가? 당신의 소망은 부활의 소망인가, 육체의 소망인가? 영생의 소망인가, 번영에 대한 소망인가? 하늘에 쌓는 소망인가, 땅에 쌓는 소망인가? 문제를 만날 때에 당신의 소망은 어디를 향하는가? 일이 성공했을 때 당신의 영광인가, 모든 영광을 하나님께 돌리는가?

"하나님의 종이요 예수 그리스도의 사도인 나 바울이 사도 된 것은 하나님이 택하신 자들의 믿음과 경건함에 속한 진리의 지식과 영생의 소망을 위함이라"(딛 1:1-2上)

구하는 것이나 기도하는 것이나 실제로 소망하는 것을 수시로 구분할 줄 알아야 한다. 정체성은 수시로 점검하는 것이다.

제8장

당신의 낙심을 진단하라

낙심 진단 1
낙심해보지 않으면 정체성을 모른다

소망은 거짓으로 포장하면 자신조차도 혼동할 때가 있지만
낙심은 대개 진실이기 때문에 자신의 정체성을 드러내 준다.

정체성을 진단하는 두 번째 수단은 우리가 어떨 때 가장 크게 실망하고 낙심하는가이다. 왜냐하면 낙심은 모든 것을 무너뜨릴 수 있는 가장 크고 실질적인 요소이기 때문이다. 마귀가 성도들을 무너뜨리기 위해 숨겨둔 수단이 바로 낙심이다. 아무리 순수한 열정으로 넘친다고 해도 낙심해버리면 그 열정은 싸늘하게 식어버린다. 그래서 어떨 때 어떻게 실망이 되고 낙심이 일어나는지를 현실적으로 살펴본다면 우리의 진짜 정체성을 더 깊이 알 수 있게 될 것이다.

"내 영혼아 네가 어찌하여 낙심하며 어찌하여 내 속에서 불안해 하는가 너는 하나님께 소망을 두라 그가 나타나 도우심으로 말미암아 내가

여전히 찬송하리로다"(시 42:5)

크게 기대했거나 강한 소망일수록 막혔을 때 실망감이 크고 낙심까지 하게 될 것이다. 낙심한 내용을 보면 무엇을 위해 살았는가를 어렴풋이 짐작할 수 있다. 자신의 일이 성취되었을 때 하늘의 정체성이 아니라 땅에 속한 정체성인데도 불구하고 스스로는 하나님께서 복을 주신 결과라고 생각할 수도 있다. 겉으로 드러나는 정체성과 진짜 정체성은 혼동이 되어 버린다. 당연히 일에 실패했을 때 낙심이 오지만 그것이 정체성을 바르게 진단할 수 있게 한다. 그리스도인에게 고난이 왜 필요하겠는가? 이런 착각에서 벗어나기 위해 고난이 필요한 것이 아니겠는가?

"고난당한 것이 내게 유익이라 이로 말미암아 내가 주의 율례들을 배우게 되었나이다"(시 119:71)

성경의 인물들은 실패와 낙심을 통하여 자기 실체를 깨닫고 하나님의 사람으로 변화되어 위대한 일을 이룬 사람들이다.

낙심 진단 2

바울의 낙심이 바울을 만들었다

바울은 가장 크게 낙심할 일에 가장 큰 소망을 두었고,
헛된 소망임을 깨닫는 순간 참 정체성으로 돌아올 수 있었다.

바울이 사울이었을 때 자신의 정체성을 어떻게 인식하고 있었을까? 유대인으로서의 자부심이 대단했고 어디에 내세워도 모자람이 없었고 실력도 있었고 열정과 사명에 불타올랐으며 율법의 의에서 흠이 없는 사람이었다. 그는 심지어 로마 시민이었고 최고의 율법학자 가말리엘 문하에서 공부했으며 여호와 하나님을 사랑하는 일에 생명을 바칠 수 있는 사람이었다.

"나는 유대인으로 길리기아 다소에서 났고 이 성에서 자라 가말리엘의 문하에서 우리 조상들의 율법의 엄한 교훈을 받았고 오늘 너희 모든 사람처럼 하나님께 대하여 열심이 있는 자라"(행 22:3)

그러나 정체성 인식과 하나님께서 보시는 진짜 정체성은 엄청난 차이가 난다. 바울의 진짜 정체성은 자신이 죄인 중의 죄인임을 고백한 데서 나타난다. 그는 자신이 죄인일 뿐 아니라 그 죄와 날마다 싸워야 하는 한낱 보잘 것 없는 존재임을 고백했다. 주님은 사울의 정체성을 여지없이 깨뜨려버리셨다. 바울은 절망의 자리에서 부활하시고 살아계신 예수님과 만났던 것이다.

"우리가 다 땅에 엎드러지매 내가 소리를 들으니 히브리 말로 이르되 사울아 사울아 네가 어찌하여 나를 박해하느냐 가시채를 뒷발질하기가 네게 고생이니라"(행 26:14)

소망이 부딪힐 때 정체성의 혼란을 느끼지만 그것이 정리되면서 참된 정체성을 확립한다. 단 한 번에 완전한 정체성이 확립되어 오로지 복음전파라는 푯대만을 향하여 달려가게 되었을까? 물론 그렇지는 않다. 급격할지는 몰라도 단계를 따라 확립되었을 것이다. 정체성이 탄탄해지기까지 시간과 과정이 필요하다.

"내 속사람으로는 하나님의 법을 즐거워하되 내 지체 속에서 한 다른 법이 내 마음의 법과 싸워 내 지체 속에 있는 죄의 법으로 나를 사로잡는 것을 보는도다"(롬 7:22-23)

소망이 없으면 실망도 없다. 낙심이 온다고 소망 자체를 포기하지 말아야 한다. 낙심이 있어야 그 소망을 분별할 수 있다.

낙심 진단 3

땅의 문제인가, 하늘의 문제인가?

환경에 대한 땅의 낙심은 하나님과 멀어지게 만들지만
자기 부족함에 대한 하늘의 낙심은 하나님을 더욱 의지하게 만든다.

현실문제에서 낙심을 느낀다면 그것에 대한 소망이 컸다는 이야기이다. 결국 삶에서 무엇을 구할 때 하나님보다는 현실에서 해결하려는 소망이 강했던 것이다. 올바른 정체성이 있다면 실망이나 낙심은 할 필요가 거의 없다. 우리의 모든 것은 하나님으로부터 비롯되는 것을 알기 때문이다. 완전하라는 말이 아니라 바른 정체성을 이야기하는 것이다. 현실적인 문제 때문에 낙심한다는 것 자체가 하늘에 소망을 둔 것이 아니라 땅에 소망을 둔 결과라고 생각한다면 거의 틀림이 없을 것이다.

"위의 것을 생각하고 땅의 것을 생각하지 말라 이는 너희가 죽었고 너희 생명이 그리스도와 함께 하나님 안에 감추어졌음이라"(골 3:2-3)

온전한 정체성을 가진 사람이라도 실망이나 낙심할 때가 있다. 하지만 그런 낙심은 땅으로부터 오는 낙심과는 근본적으로 차이가 있다. 여기에서 말하는 낙심이란 하늘에 소망을 두고 주의 일을 감당하다가 자신의 부족함과 주를 더 깊이 의지하지 못함으로 좌절할 때 생기는 자신에 대한 실망을 말한다. 타인이나 환경이나 돈이 아니라 자신의 인격이나 부족한 믿음으로 생기는 실망이라면 그것은 그리스도인으로서 긍정적인 정체성에서 비롯된 것이다. 그리고 그런 낙심은 신앙인격에 보탬이 될 것이고 성화되어 가는 정상정인 모습이라고 할 수 있는 것이다.

"그러므로 우리가 낙심하지 아니하노니 우리의 겉사람은 낡아지나 우리의 속사람은 날로 새로워지도다 우리가 잠시 받는 환난의 경한 것이 지극히 크고 영원한 영광의 중한 것을 우리에게 이루게 함이니 우리가 주목하는 것은 보이는 것이 아니요 보이지 않는 것이니 보이는 것은 잠깐이요 보이지 않는 것은 영원함이라"(고후 4:16-18)

숨어 있던 자기 모습을 발견하고 실망한다면,
하나님은 그런 심령에 관심을 가지시고 그런 사람의 기도를 기뻐 받으신다.

낙심 진단 4
말씀 앞에서 낙심하는가?

육적인 낙심인지 영적인 낙심인지를 구별해야 한다.
기준은 죄에 대한 태도이다. 죄를 분별하면 건강한 정체성이다.

육적인 정체성은 어떤 상황 가운데에서도 자기 죄를 발견하지 못하는 것이다. 자기 죄를 깨닫는 것이 아니라 외부 환경 탓으로 돌리게 된다. 어려움과 문제 앞에서 사람 탓, 교회 탓, 하나님 탓만 하는 사람은 육적인 낙심에 그치고 있는 것이다. 그런데도 아무런 문제의식을 느끼지 않는 사람일 수도 있다. 그것은 전적으로 육적인 낙심이며 육적인 땅의 정체성인 것이다.

"그러므로 남을 판단하는 사람아, 누구를 막론하고 네가 핑계하지 못할 것은 남을 판단하는 것으로 네가 너를 정죄함이니 판단하는 네가 같은 일을 행함이니라"(롬 2:1)

다윗이 훌륭한 것은 죄를 짓지 않았기 때문이 아니라 죄에 대해 민감하기 때문이다. 성숙한 신앙은 작은 죄도 하나님의 의에 비춰본다. 다윗은 자기 죄를 성령님의 임재와 연결 지어 두려워했다. 다윗은 머리털보다도 더 많은 죄가 자신을 덮치므로 낙심한다고 했다. 이것은 하나님 앞에 섰을 때 느끼는 자기인식이다. 이것이 진짜 그리스도인의 정체성이다.

"수많은 재앙이 나를 둘러싸고 나의 죄악이 나를 덮치므로 우러러볼 수도 없으며 죄가 나의 머리털보다 많으므로 내가 낙심하였음이니이다"(시 40:12)

그리스도인으로서 가장 바람직한 정체성은 하나님의 말씀 앞에서 낙심하는 것이다. 특히 말씀의 절벽 앞에서 머리털보다 더 많은 죄를 느낄 수 있게 된다. 가장 수준 높은 정체성은 말씀을 대할 때 자신의 모습을 바라보는 것이다. 정체성을 진단할 수 있는 가장 효과적이고 정확한 도구가 하나님의 말씀인 것이다.

"선지자들에 대한 말씀이라 내 마음이 상하며 내 모든 뼈가 떨리며 내가 취한 사람 같으며 포도주에 잡힌 사람 같으니 이는 여호와와 그 거룩한 말씀 때문이라"(렘 23:9)

신앙생활을 오래 할수록, 중직을 맡은 사람일수록 작은 죄에도 민감하여 하나님 앞에 무릎을 꿇게 되어야 한다.

낙심 진단 5

낙심은 참 믿음으로 이끈다

낙심으로 숨어있던 거짓 정체성을 깨달을 수 있지만,
낙심이 상한 심령의 제사가 된다면 건강한 정체성은 더욱 강해진다.

낙심이란 영적이든 육적이든, 땅의 것이든 하늘의 것이든 똑같이 힘들다. 본질은 다르지만 낙심의 현상은 모두 사람의 마음으로 집중된다. 낙심은 마치 찌꺼기나 쓰레기와 같다. 그것을 잘 처리해야 한다. 반드시 기억할 것은 하나님은 오히려 마음이 상하고 낙심했을 때 더 가까이 계신다는 사실이다. 심령이 가난한 자에게 천국 곧 하나님의 임재가 주어지는 것이다.

"여호와는 마음이 상한 자를 가까이 하시고 충심으로 통회하는 자를 구원하시는도다"(시 34:18)

예수님께서 왜 이 땅에 오셨는가? 바로 그런 사람들, 마음이 상한 사람들, 낙심하고 절망한 사람들, 오랜 세월 동안 고난과 핍박을 당하여 낮아질 대로 낮아진 사람들, 그들을 구원하시기 위해 오신 것이 아닌가? 적어도 하나님 앞에서 그런 심령의 상태가 되었을 때 비로소 예수님을 만나게 되는 것이다.

"나를 보내사 마음이 상한 자를 고치며 포로된 자에게 자유를, 갇힌 자에게 놓임을 선포하며 여호와의 은혜의 해와 우리 하나님의 보복의 날을 선포하여 모든 슬픈 자를 위로하되"(사 61:1下-2)

다윗은 하나님께서 상한 심령의 제사를 받으신다고 노래하였다. 제사란 자기 대신 짐승을 죽여 피를 드림으로써 제물을 삼는 것이다. 짐승을 대신 죽여야 할 정도로 자기 죄를 깊이 뉘우칠 때 제사는 가능해진다. 상한 심령이 못될 때에는 제사가 불가능하다. 그러니 오히려 상한 심령이 되어 낙심할 때가 하나님께 더 가까이 다가갈 수 있는 절호의 기회가 되는 것이다.

"하나님께서 구하시는 제사는 상한 심령이라 하나님이여 상하고 통회하는 마음을 주께서 멸시하지 아니하시리이다"(시 51:17)

어떤 종류의 낙심이든지 그곳에서 하나님을 다시 만나야 한다는 사실을 인식하고 있다면 상당히 높은 정체성일 것이다.

제9장

당신의 행동을 진단하라

행동 진단 1

배반의 정체성에서 사랑의 정체성으로

베드로가 실패하지 않았다면 자신의 참 정체성을 깨닫지 못했을 것이다.
행동의 합리화가 아니라 냉정한 분석이 필요하다.

예상 밖의 긴급 상황에서 무엇인가를 결정해야 할 때 진짜 정체성을 알게 된다. 베드로는 자신이 주님을 배반할 사람이 절대 아니라고 생각했다. 그런데 예수님 심문현장에서 누군가가 예수의 제자가 아니냐고 지적할 때 베드로는 세 번이나 모른다고 했다. 그 순간에도 몰랐는데 닭이 울자 비로소 자기 행동을 자각하였다. 스스로 생각하던 인식과 실제 행동 사이에는 동에서 서로 가는 것만큼이나 격차가 있었다.

"이에 베드로가 예수의 말씀에 닭 울기 전에 네가 세 번 나를 부인하리라 하심이 생각나서 밖에 나가서 심히 통곡하니라"(마 26:75)

정체성은 자기인식과는 별개로 스스로의 결정과 행동을 일으키는 직접적인 동인이다. 스스로 천국백성이라고 생각하는 사람일지라도, 그런 인식과는 전혀 다른 행동을 얼마든지 보여줄 수 있다. 어떻게 행동을 진단할 수 있을까? 이것이 필요하다고 생각하는 사람은 긍정적인 정체성을 가지고 있는 사람이다.

"여호와여 나의 종말과 연한이 언제까지인지 알게 하사 내가 나의 연약함을 알게 하소서"(시 39:4)

진짜 정체성과 반대로 인식하는 일은 얼마든지 가능하다. 자기 지식을 자기 신앙수준이라고 생각하게 된다면 그것은 관념적인 신앙이다. 훈련이 덜 되어 실수하는 것과는 다르며, 부족한 것이 아니라 잘못된 것이다. 모든 훈련은 자기중심적이 아니라 하나님 중심적으로, 이론 중심적이 아니라 실천 중심적으로 바뀌어야 한다. 행동할 수 있는 정체성을 만들어야 한다.

"그들이 하나님을 시인하나 행위로는 부인하니 가증한 자요 복종하지 아니하는 자요 모든 선한 일을 버리는 자니라"(딛 1:16)

믿음의 증거가 무엇인가? 행함이다. 행함의 증거는 믿음이 아닐 수도 있지만 믿음의 증거는 행함으로 드러나야 한다.

행동 진단 2

처음 사랑은 살아있는 생명이었다

처음 사랑이 식었거나 잃어버렸다면 그것은 정체성을 잃어버린 것이다.
처음 사랑 속에 들어있던 생명은 어디에 있는가?

에베소 교회의 행위는 악한 자들을 용납하지 않고 거짓 사도를 분별했으며 인내와 부지런함을 가지고 일했으며 니골라당의 행위를 미워했다. 이것은 훌륭한 행위였다. 그런데 그들의 정체성 속에는 '처음 사랑'이 빠져있었다. 에베소 교회는 하나님 사랑이 빠진 채 종교 활동을 열심히 했던 것이다. 하나님의 사랑이 빠진다면 그것은 겉껍데기 종교일 수밖에 없다.

> "내가 네 행위와 수고와 네 인내를 알고 또 악한 자들을 용납하지 아니한 것과 자칭 사도라 하되 아닌 자들을 시험하여 그의 거짓된 것을 네가 드러낸 것과 또 네가 참고 내 이름을 위하여 견디고 게으르지 아니한 것을 아노라"(계 2:2-3)

주님은 처음 사랑을 버린 일로 촛대를 옮겨버리실 수도 있다고 책망하신다. 하나님은 처음 사랑과 처음 행위를 동일시하신다. 그래서 언제 어디에서 처음 사랑을 잃어버렸는지 진단하고 회개하여 처음 행위를 다시 가지라고 하신다. 그렇지 않으면 아예 문을 닫아버리게 될 것이다. 오늘날도 교회라는 이름을 가졌지만 교회가 아닌 그런 곳으로 변해버릴 수도 있다.

"그러나 너를 책망할 것이 있나니 너의 처음 사랑을 버렸느니라"
(계 2:4)

교회에서 열심히 일하는가? 예배에도 열심히 참여하고 기도와 제자훈련에 철저한가? 교회의 권면을 따라 인내하고 부지런하게 봉사의 일과 전도의 일을 감당하는가? 하나님께서 다 아신다. 그런데 만약에 처음 사랑과 처음 행위를 버렸다면 겉으로 드러나 보이는 열심과 충성과 순종은 어쩌면 거짓일 수 있다.

"그러므로 어디서 떨어졌는지를 생각하고 회개하여 처음 행위를 가지라 만일 그리하지 아니하고 회개하지 아니하면 내가 네게 가서 네 촛대를 그 자리에서 옮기리라"(계 2:5)

그리스도인의 정체성은 하나님을 향한 순수한 사랑으로부터 비롯되는 것이어야 한다. 이것을 놓치면 아무것도 아니다.

행동 진단 3

궁핍한 부자인가? 부유한 거지인가?

정체성이 강하면 궁핍해도 부자이고, 정체성이 약하면 부자도 궁핍하다.
힘들고 어려워도 하나님께 부자가 되어야 한다.

서머나 교회는 내세울 것이 없는 교회였다. 궁핍하고 환난이 많은 가난한 교회였으며 공격과 핍박을 많이 당하고 있었다. 하지만 하나님은 부요한 교회라고 칭찬하신다. 정체성의 수준이 높을 뿐만 아니라 단단하여 깨어지지 않는 모습이었다. 하나님은 죽도록 충성하라고 명하신다. 왜냐하면 서머나 교회는 죽도록 충성할 수 있는 정체성을 가지고 있었기 때문이다.

> "너는 장차 받을 고난을 두려워하지 말라 볼지어다 마귀가 장차 너희 가운데에서 몇 사람을 옥에 던져 시험을 받게 하리니 너희가 십 일 동안 환난을 받으리라 네가 죽도록 충성하라 그리하면 내가 생명의 관을 네게 주리라"(계 2:10)

주님은 라오디게아 교회가 곤고하고 가련하고 가난하고 눈멀고 벌거벗었다고 책망하신다. 하나님과의 관계가 엉망이다. 세상에서는 성공적이고 풍요롭지만 하나님과는 전혀 관계없다. 결국 뜨겁지도 차지도 않은 모습이 된다. 아는 것은 있으니 세상으로 나가지도 못하고, 부족함과 간절함이 없으니 뜨거울 수도 없다. 하나님은 토해버리신다.

> "내가 네 행위를 아노니 네가 차지도 아니하고 뜨겁지도 아니하도다 네가 차든지 뜨겁든지 하기를 원하노라 네가 이같이 미지근하여 뜨겁지도 아니하고 차지도 아니하니 내 입에서 너를 토하여 버리리라"(계 3:15-16)

당신이 뜨겁게 사명을 감당한다면 무엇을 위한 뜨거움인가? 성공이나 번영을 위한 뜨거움 이전에 과연 하나님을 향한 뜨거움인가 진단해보라. 당신은 하나님을 향하여 부요한가, 아니면 궁핍한가? 곧 하나님과의 관계에 초점을 두고 살아가고 있는가 아니면 자기 자신이나 자기 일에 초점을 두고 살고 있는가?

> "여호와의 친밀하심이 그를 경외하는 자들에게 있음이여 그의 언약을 그들에게 보이시리로다"(시 25:14)

**자신을 비우지 않으면 행동 진단이 어렵다.
어떤 말씀에도 순종하겠다는 결단의 상태에서 당신의 행동을 진단할 수 있다.**

행동 진단 4
거짓 정체성은 언제나 합리적으로 보인다

건강한 정체성은 물질의 유혹(발람)과 인간관계와 생존의 시험(이세벨)을 분명하게 분별한다. 결코 합리화하지 말라.

버가모 교회는 사탄의 권좌가 있는 곳에서 순교자가 나와도 믿음을 지켰지만 우상의 제물을 먹고 행음하게 만든 발람의 교훈을 지켰다. 발람의 교훈이 들어온 것은 돈의 유혹 때문이었다. 물질적인 복을 축복으로 보는 한국교회에 발람의 교훈은 너무나도 심각하다. 아무리 열심히 신앙생활 해도 돈이나 성공이라는 사탄의 전략이 틈을 타면 교회와 가정이 무너진다.

"그러나 네게 두어 가지 책망할 것이 있나니 거기 네게 발람의 교훈을 지키는 자들이 있도다 발람이 발락을 가르쳐 이스라엘 자손 앞에 걸림돌을 놓아 우상의 제물을 먹게 하였고 또 행음하게 하였느니라"
(계 2:14)

두아디라 교회는 사랑과 믿음과 섬김과 인내가 풍성했고, 아름다운 행위가 더 많아지고 있었다. 하지만 두아디라 교회는 여자 이세벨을 용납하여 행음하고 우상 제물을 먹게 했으며 회개할 기회를 거부했다. 버가모 교회와 동일하지만, 여자 이세벨이 상업을 위해서 우상숭배를 권장하고 있었다. 생존과 활동을 위해서 어쩔 수 없다는 논리로 교회를 좀먹고 있었던 것이다.

"그러나 네게 책망할 일이 있노라 자칭 선지자라 하는 여자 이세벨을 네가 용납함이니 그가 내 종들을 가르쳐 꾀어 행음하게 하고 우상의 제물을 먹게 하는도다"(계 2:20)

버가모 교회에는 돈의 유혹과 교묘한 이단사설로, 두아디라 교회에는 생존(인간관계)이라는 명목으로 교회를 무너뜨리고 있었다. 교회 이야기이지만 동시에 우리 신앙인들의 이야기이다. 혹시 돈이 우상이 되어 있지는 않은가? 사업이나 장사나 직장 때문에 믿음을 양보하고 있지는 않은가?

"이기는 자와 끝까지 내 일을 지키는 그에게 만국을 다스리는 권세를 주리니"(계 2:26)

**어디에서부터 잘못되었는지를 깨닫고 빨리 돌이켜야 한다.
그러면 하나님은 하늘의 철장권세를 우리에게 부여해 주신다.**

행동 진단 5

살아있다고 어떻게 확신하는가?

말씀이 행위로 나오면 죽은 것 같아도 살고, 말만 하면 죽은 정체성이다.
살아있다면 거기에 합당한 행위가 나타난다.

소아시아 일곱 교회는 성도들의 모든 행위들을 일괄적으로 정리해준다. 행동진단의 최후의 기준은 살아있는가 죽었는가이다. 사데 교회가 죽었다는 것은 온전한 행위를 하나도 찾지 못했기 때문이다. 그들은 주를 향한 마음을 잃어버렸다. 아무리 능력이 있어도 예수님의 마음을 잃어버리면 그 길을 끝까지 가지 못한다. 빌라델비아 교회는 살아있는 교회였다. 작은 능력으로도 말씀을 지키고 주님을 배반하지 않았다. 세상을 향하여 힘차게 거슬러 올라가고 있었다. 말씀을 지키고 충성을 다했다.

"네가 나의 인내의 말씀을 지켰은즉 내가 또한 너를 지켜 시험의 때를 면하게 하리니 이는 장차 온 세상에 임하여 땅에 거하는 자들을 시험

할 때라"(계 3:10)

당신은 살아있는가 죽었는가? 당신은 세상의 물결을 거슬러 올라가고 있는가, 아니면 세상의 물결에 당신 자신을 내맡기고 있는가? 그리스도인이 살아있다는 것은 세상의 생존법칙과 가치추구와 인생의 목표에 대항해서 복음을 살아내고 있다는 것이다. 교회가 쇠퇴하게 된 원인 중 가장 큰 부분이 바로 죽은 믿음 때문이 아니겠는가? 교회 밖 세상에서 죽은 물고기처럼 떠내려가면서 사는 것이 문제이다. 하지만 물질주의, 번영주의, 성공주의, 은사주의, 표적신앙, 관념적 신앙, 율법주의 속에서도 하나님 중심의 바른 신앙을 가진 신앙인들이 존재한다.

"너희는 말씀을 행하는 자가 되고 듣기만 하여 자신을 속이는 자가 되지 말라"(약 1:22)

우리는 하늘에 속한 채 땅에서 하늘나라를 누리면서 살아내는 사람들이다. 아직까지 잠자고 있었다면 이제는 깨어나야 한다.

제3부

하늘의 상이 정체성을 만든다

제10장

정체성과 하늘의 상

하늘의 상 1

자기중심에서 하나님중심으로

자기중심적 신앙인이 하늘의 상을 알면 하나님의 관점을 이해하게 된다. 상을 주시는 하나님의 기쁨을 느끼게 되기 때문이다.

하나님의 마음을 조금이라도 이해하기 위해서는 하나님의 관점으로 모든 것을 바라볼 수 있어야 한다. 하나님의 관점을 가지지 못하는 이유는 모든 신앙생활을 전부 자기중심적으로만 받아들이기 때문이다. 반복적으로 듣고 배우니까 하늘의 정체성을 가지고 있다고 착각하지만 실생활에서는 하늘을 바라보는 것이 아니라 현실과 상황만 바라보게 되는 것이다.

> "이르시되 이사야가 너희 외식하는 자에 대하여 잘 예언하였도다 기록하였으되 이 백성이 입술로는 나를 공경하되 마음은 내게서 멀도다"
> (막 7:6)

하나님의 복은 보이거나 잡을 수 없으며 즉각적인 즐거움이 없기 때문에 현실적인 복과 다르다. 그렇지만 왜 그렇게 눈앞에 펼쳐지는 것들만 따라가려고 할까? 그것은 목표지점이 뚜렷하지 못하기 때문이다. 목표지점을 뚜렷이 하려면 천국의 상을 바라보아야 한다. 바울은 하늘의 상이 자신의 푯대라고 말한다.

> "형제들아 나는 … 오직 한 일 즉 뒤에 있는 것은 잊어버리고 앞에 있는 것을 잡으려고 푯대를 향하여 그리스도 예수 안에서 하나님이 위에서 부르신 부름의 상을 위하여 달려가노라"(빌 3:13-14)

사람은 누구나 성취를 원한다. 그리스도인의 성취는 하늘의 상이어야 한다. 하나님의 상을 알면 하나님의 관점을 이해하고 거기에 맞게 생각하고 거기에 맞는 행동을 보이게 된다. 그리스도인의 정체성을 회복시키는 목표지점은 하나님께서 주시는 상이다. 모든 선지자들은 하늘의 상을 위해 일했으며, 세상에서의 영광을 배설물로 여길 수 있었다.

> " … 내가 그를 위하여 모든 것을 잃어버리고 배설물로 여김은 그리스도를 얻고 그 안에서 발견되려 함이니 내가 가진 의는 율법에서 난 것이 아니요 오직 그리스도를 믿음으로 말미암은 것이니 곧 믿음으로 하나님께로부터 난 의라"(빌 3:8下-9)

우리는 하늘의 상을 받기 위해 세상과 싸워야 한다. 하나님의 관점으로 달려간다면 하늘에 보화로 차곡차곡 쌓일 것이다.

하늘의 상 2

하늘에는 개인 보물창고가 있다

**하늘 상의 최소단위는 냉수 한 그릇이지만 마음에 따라 전혀 달라진다.
상으로 쌓이는 냉수 한 그릇을 베풀어야 한다.**

사람들이 알기만 하면 너도 나도 하늘창고만 찾게 될 것이다. 그런데 하늘에 개인 창고까지 소유한 그리스도인까지도 세상에 쌓으려고 하니까 문제이다. 하늘의 보물창고는 없어지거나 손해 볼 걱정을 전혀 할 필요조차 없을 뿐만 아니라 아무리 사소한 것이라도 차곡차곡 쌓이기 때문에 혹시 자기가 남모르게 선행을 한 것이라도 사라질 염려조차 할 필요가 없는 곳이다.

"오직 너희를 위하여 보물을 하늘에 쌓아 두라 거기는 좀이나 동록이 해하지 못하며 도둑이 구멍을 뚫지도 못하고 도둑질도 못 하느니라"
(마 6:20)

우리가 상을 받을 수 있는 최소한의 기준이 무엇일까? 예수님은 하늘의 상의 최소기준을 제시하고 계신다. 냉수 한 그릇이라도 누군가에게 제공하면 반드시 상이 있을 것이라고 말씀하셨다. 그냥 목이 좀 마를 때 주는 냉수와 목숨이 왔다 갔다 하는 사람에게 주는 냉수는 가치 자체가 다르다. 그렇다면 하나님은 어떤 냉수에 대해 상을 준비하시겠는가?

> "누구든지 너희가 그리스도에게 속한 자라 하여 물 한 그릇이라도 주면 내가 진실로 너희에게 이르노니 그가 결코 상을 잃지 않으리라"(막 9:41)

냉수 한 그릇이라도 마음에 따라 가치가 엄청나게 달라진다. 긍휼히 여기는 마음, 화가 나 있는 상태, 무감각한 마음 등 모두 가능하다. 자신도 목이 너무 마르지만 다른 사람에게 그 냉수를 양보하는 사람에게 더욱 가치 있는 상이 주어질 것이다. 그런 마음이라도 하나님을 사랑하는 마음으로 섬겨야 한다.

> "하나님은 불의하지 아니하사 너희 행위와 그의 이름을 위하여 나타낸 사랑으로 이미 성도를 섬긴 것과 이제도 섬기고 있는 것을 잊어버리지 아니하시느니라"(히 6:10)

상으로 쌓이는 하늘의 보화는 포인트제와 비슷하지 않을까? 작든 크든 천국에는 우리가 받을 상이 반드시 적립되어 있다.

하늘의 상 3

물 한 그릇도 예수님께 드리듯 하라

누구에게든지 자기 것을 포기하고, 사람이 아니라
예수님께 직접 드리는 마음으로 줄 때 하늘의 큰 상이 된다.

그리스도인은 하늘에 속한 사람들이다. 당연히 이 땅의 보화가 아니라 저 하늘의 상을 쫓아가야 한다. 그렇지 못하다면 이 땅에서의 보상을 추구할 것이고, 혹시 성공해도 하늘에서는 부끄러운 모습일 뿐이다. 물 한 그릇의 상이라도 세상의 자랑이 아니라 하늘에 쌓아야 한다. 하지만 '그리스도께 속한 자'라는 이유 때문에 주는 물 한 그릇이 하늘에서 상으로 쌓인다. 여기에서 그리스도께 속한 자는 바로 우리들이다. 우리가 드리는 것이 아니라 누군가 우리를 대접하면 반드시 상이 있을 것이다. 예수님께 물 한 그릇을 드린 사마리아 여인은 가장 큰 복을 받았다.

"예수께서 대답하여 이르시되 네가 만일 하나님의 선물과 또 네게 물 좀 달라 하는 이가 누구인 줄 알았더라면 네가 그에게 구하였을 것이요 그가 생수를 네게 주었으리라"(요 4:10)

예수님은 다른 사람에게 베풀되 차라리 갚을 것이 없는 사람들에게 베풀라고 하셨다. 베푼 것을 사람들로부터 보답으로 받아버리면 하늘의 상은 있다가도 사라지게 되기 때문이다. 물 한 그릇의 상에 대한 근거는 사람에게 한 것이 예수님께 한 것이기 때문이다. 그리스도인으로서 다른 사람을 아무 조건 없이 대접하고 그리스도께 속한 자라 하여 물 한 그릇을 줄 때 상을 받는 근거는 바로 물 한 그릇을 예수님께 드린 것과 같기 때문이라는 것이다. 다른 말로 하면 우리는 모든 일을 예수님께 하듯 해야 한다는 말씀이다.

"임금이 대답하여 이르시되 내가 진실로 너희에게 이르노니 너희가 여기 내 형제 중에 지극히 작은 자 하나에게 한 것이 곧 내게 한 것이니라 하시고"(마 25:40)

아무 보상도 바라지 않고, 예수님을 대접하는 것처럼 베풀며, 그리스도인이라는 것 때문에 섬기면 보화는 차곡차곡 쌓인다.

하늘의 상 4

하나님의 심부름에는 하늘의 큰상이 따라온다

사람들에게 자기를 앞세우지 않고 예수님께 모든 초점을 맞추고
예수님의 이름으로 행할 때 하늘의 상이 반드시 주어진다.

아무런 보상 없이 섬기면 칭찬을 받는다. 하지만 정말 아무 보상도 없을까? 먼저 '자기 의'라는 보상을 받을 수 있다. 영광과 사랑이라는 보상을 받을 수 있다. '종교적 권위'와 '종교적 거룩함'이라는 보상도 가능하다. 이런 보상들은 그리스도인들에게 가장 위험한 함정이다. 하나님의 것을 가로챈 것이기 때문이다.

"사람에게 보이려고 그들 앞에서 너희 의를 행하지 않도록 주의하라 그리하지 아니하면 하늘에 계신 너희 아버지께 상을 받지 못하느니라"(마 6:1)

주님은 그런 보상들을 받으면 하늘의 상은 없다고 하신다. 그런데도 신앙인들이 여전히 자기들의 영광만을 구하고 있다. 정체성이 완성되지 못했기 때문이다. 이것을 피하려면 무슨 일이든지 예수 그리스도의 이름으로 해야 한다. 그렇게 해도 상이 아니라 벌을 받을 수 있다. 자신의 이름을 위하여 행한다면 아무리 주의 이름으로 큰 권능을 행해도 인정받을 수 없다.

> "그러므로 구제할 때에 외식하는 자가 사람에게서 영광을 받으려고 회당과 거리에서 하는 것 같이 너희 앞에 나팔을 불지 말라 진실로 너희에게 이르노니 그들은 자기 상을 이미 받았느니라"(마 6:2)

그러므로 주의 이름으로 모든 일을 행하되 사람이 아니라 주님의 칭찬을 받는 삶을 살아야 한다. 그리스도인은 모든 일에 그리스도만을 앞세워야 한다. 그럴 때 주께서는 냉수 한 그릇에라도 반드시 상을 주시는 것이다. 우리의 정체성은 주님께서 어떤 사람에게 상을 주시는가를 분명히 깨달아 알고 거기에 자신의 마음과 행위를 맞추어 나가는 것임을 꼭 알아야 한다.

> "또 무엇을 하든지 말에나 일에나 다 주 예수의 이름으로 하고 그를 힘입어 하나님 아버지께 감사하라"(골 3:17)

**많은 칭찬을 받는 사람일수록 위험하다.
올바른 정체성은 높아지고 많아졌을 때 빨리 내려오고 버릴 줄 아는 것이다.**

하늘의 상 5
물 한 그릇이 가장 큰 상일 수 있다

> 인간은 큰 것을 향하지만 하나님은 크기와 관계없이 내면을 원하신다.
> 사람은 모르지만 하나님은 속마음을 아시기 때문이다.

물 한 그릇에도 상을 주시지만 그것은 그리스도께 속한 자라 하여, 그리스도의 이름으로 제공할 때 주시는 것이다. 이 두 가지 조건에 맞기만 하면 아무리 사소한 것이라도 반드시 기억하신다. 주님은 최소한의 단위에 관심을 보이시는 것이 아니라 그 최소한의 단위를 베푸는 중심을 보신다. 한 과부가 드리는 두 렙돈의 헌금을 예수님은 가장 크게 기뻐하지 않으셨던가?

> "이 가난한 과부는 헌금함에 넣는 모든 사람보다 많이 넣었도다 그들은 다 그 풍족한 중에서 넣었거니와 이 과부는 그 가난한 중에서 자기의 모든 소유 곧 생활비 전부를 넣었느니라 하시니라"(막 12:43下-44)

예수님은 가장 작은 겨자씨와 지극히 작은 자 하나에 대해서 말씀하셨다. 핵심은 생명이다. 크고 화려하고 유명해도 생명이 없으면 바로 썩는다. 그리스도인에게는 예수님을 품고 있느냐가 생명을 결정하고, 그 생명이 하늘의 상으로 갚아진다. 외적인 크기는 하나님의 영역이다. 작은 것의 원리는 주님 앞에 갈 때까지 간직해야 할 그리스도인의 가치이다.

"천국은 마치 사람이 자기 밭에 갖다 심은 겨자씨 한 알 같으니 이는 모든 씨보다 작은 것이로되 자란 후에는 풀보다 커서 나무가 되매 공중의 새들이 와서 그 가지에 깃들이느니라"(마 13:31下-32)

기독교는 바로 이 작은 것의 원리에 충실할 수 있어야 한다. 야고보는 작은 것의 중요성을 역설하였다. 배의 방향을 결정하는 것이 키이듯이 작은 것의 생명이 핵심이라는 것이다. 크고 작은 것이 아니라 심령을 보시고 상을 주신다. 거창한 비전이 아니라 예수님의 마음으로 가득 채워져야 한다.

"지극히 작은 것에 충성된 자는 큰 것에도 충성되고 지극히 작은 것에 불의한 자는 큰 것에도 불의하니라"(눅 16:10)

천국소망은 천국에서 주시는 상에 있다. 우리는 하늘의 보화를 바라보고 우리 작은 마음에 예수님으로 가득 채워야 한다.

제11장

가장 큰 상 :
이웃사랑의 상

이웃사랑의 상 1

전도의 상을 혼자 독차지하는가?

전도의 상은 크지만 한 영혼을 위해 애쓴 모든 이에게 골고루 주어진다.
전도의 상은 한 사람을 섬긴 모든 사람의 것이다.

하늘에서는 전도의 상이 가장 크다고 말한다. 전도는 성도가 가장 우선적으로 행해야 하는 귀중한 사역이기 때문이다. 예수님도 영혼구원, 곧 전도를 위해 이 땅에 오셨기 때문이다. 사도 바울도 복음 전파에 모든 생명을 바쳤다. 하지만 바울은 전도에 상이 있는 것은 아니라고 한다. 복음 전파는 마땅히 할 일이고, 오히려 복음을 전하지 않으면 화가 있을 것이라고 한다.

"내가 복음을 전할지라도 자랑할 것이 없음은 내가 부득불 할 일임이라 만일 복음을 전하지 아니하면 내게 화가 있을 것이로다"(고전 9:16)

그러면 교회에서는 전도왕이니 전도대장이니 하는데, 하늘에서는 상이 없다는 말인가? 그리스도인이라고 하여 냉수 한 그릇이라도 예수님의 이름으로 제공하는 사람들은 상을 결코 잃지 않으리라고 하신 주님께서 천하보다 더 귀한 한 사람을 구원시켰는데 아무런 상도 주지 않으신단 말인가?

> "지혜 있는 자는 궁창의 빛과 같이 빛날 것이요 많은 사람을 옳은 데로 돌아오게 한 자는 별과 같이 영원토록 빛나리라"(단 12:3)

전도왕은 등록시킨 사람들의 숫자에 대한 상이다. 천국에는 그런 등록 숫자 개념은 없다. 왜냐하면 전도는 교회에 등록하기 이전에 많은 성도들의 복음전파와 권면과 희생과 기도로 이루어진 결과물이기 때문이다. 교회에 많이 데려온 사람이 상을 많이 받는 것이 아니라 그 사람이 예수님을 믿기까지의 과정 중에서 수고한 여러 사람들이 모두 상을 받게 된다.

> "내가 모든 사람에게서 자유로우나 스스로 모든 사람에게 종이 된 것은 더 많은 사람을 얻고자 함이라"(고전 9:19)

직접 전도가 가장 중요하지만, 그리스도의 향기로 사람을 감화시키는 아름다운 삶의 모습들은 더욱 중요한 것이다.

이웃사랑의 상 2
복음전파 이전에 영혼사랑이다

복음전파가 하늘의 상이 되려면 영혼들을 진심으로 사랑하는 것이
전도의 동기가 되어야 한다. 그것은 이웃사랑의 상이다.

양육이 한 사람의 구원에는 훨씬 중요한 전도가 될 수 있다. 교회에 다닌다고 해서 다 구원받은 것은 아니기 때문이다. 참다운 전도는 예수님의 전도이다. 순종으로 많은 사람을 구원하셨기 때문이다. 전도의 열매는 그리스도인으로서의 삶의 결과물이다. 예수님도 목숨을 희생하는 순종으로 모든 죄인들이 의의 길로 돌아올 수 있는 길을 열어놓으셨던 것이다.

> "한 사람이 순종하지 아니함으로 많은 사람이 죄인 된 것 같이 한 사람
> 이 순종하심으로 많은 사람이 의인이 되리라"(롬 5:19)

사도 바울은 복음전파에 있어서 가장 탁월했지만, 모든 사람

의 종이 됨으로써 열매가 가능했다. 그리스도인의 삶의 초점이 영혼구원에 있을 때 그 사람의 정체성은 아주 건강한 것이다. 섬김과 사랑을 통하여 전도하지 않으면 온전한 열매로 열리기 힘들다. 전도는 수많은 사람들의 합작품이다.

> "나는 심었고 아볼로는 물을 주었으되 오직 하나님께서 자라나게 하셨나니 그런즉 심는 이나 물주는 이는 아무 것도 아니로되 오직 자라게 하시는 이는 하나님뿐이니라"(고전 3:6-7)

더욱 중요한 것은 열매를 거두게 하시는 분은 하나님이시라는 사실이다. 그러므로 어떤 사람을 결신시켰다고 해서 모든 것이 그 사람의 공로가 되는 것은 결코 아니다. 전도를 하기는 하는데 눈에 보이는 열매가 없다고 낙심할 필요는 없다. 때로는 전도와는 전혀 관계없는 것처럼 보이는 삶의 모습이 사실은 전도의 핵심적인 능력이 될 수도 있기 때문이다.

> "심는 이와 물주는 이는 한 가지이나 각각 자기가 일한 대로 자기의 상을 받으리라"(고전 3:8)

**전도의 상은 숫자가 아니라 얼마나 그 영혼들을 사랑했느냐에 대한 것이다.
영혼사랑 없는 전도는 상이 크지 않다.**

이웃사랑의 상 3

이웃을 자신처럼 사랑하면 위대한 선지자이다

하늘의 큰 상은 목숨을 다하여 하나님을 사랑하듯이
이웃을 자기 자신처럼 사랑하는 사람에게 가장 먼저 주어진다.

어떤 일을 하면 하늘에서 큰 상을 받을 수 있을까? 말씀을 깊이 안다고 하늘의 상이 주어질까? 기도할 때 삼층천까지 올라가는 사람, 예언을 모두 맞히는 사람은 큰 상을 받을까? 찬송을 잘 해서 듣는 사람들에게 엄청난 은혜를 끼치면 상이 주어질까? 결론을 말하자면 성경에는 그런 상은 없다. 그런 기본 사항들은 상을 받도록 이끄는 수단일 수는 있어도 그 자체가 상일 수는 없다. 금식이든 구제이든 하나님 사랑이 빠지면 아무 것도 아닐 수 있다.

"오직 너희는 원수를 사랑하고 선대하며 아무 것도 바라지 말고 꾸어주라 그리하면 너희 상이 클 것이요"(눅 6:35上)

성경은 원수를 사랑하고 이웃을 자신처럼 사랑한 상, 박해를 이겨낸 상, 담대하게 신앙생활에서 승리한 상을 가장 크다고 한다. 그 중의 으뜸은 이웃사랑의 상이다. 왜냐하면 예수님께서 원수와 같은 죄인들을 생명으로 사랑하셨기 때문이다. 원수사랑, 이웃사랑은 예수님 대신 사랑하는 것이다. 이웃을 진실한 마음으로 사랑하면 하나님은 전부 기억하신다. 물 한 그릇이라도 반드시 상을 주신다고 하셨다. 하나님은 마음과 목숨과 뜻과 힘을 다해 하나님을 사랑하는 것 다음으로는 자기 자신처럼 이웃을 사랑하는 일을 가장 기뻐하신다. 아니, 그와 동등하다.

"또 누구든지 제자의 이름으로 이 작은 자 중 하나에게 냉수 한 그릇이라도 주는 자는 내가 진실로 너희에게 이르노니 그 사람이 결단코 상을 잃지 아니하리라 하시니라"(마 10:42)

이웃사랑이란 사람과의 관계에서 행해야 할 모든 것을 의미한다. 그리스도인의 생활 자체가 이웃사랑이어야 한다는 말이다.

이웃사랑의 상 4

예수님은 십자가에서 아예 우리가 되셨다

참된 이웃사랑은 스스로 이웃이 되는 것이며, 그 속에 모든 계명이 다 들어있다. 그래서 이웃사랑의 상이 가장 큰 것이다.

이웃사랑은 먼저 이웃의 형편을 자기 상황으로 느끼는 것이다. 네 이웃을 네 자신과 같이 사랑하라는 명령은 도와주는 입장에서 베풀라는 것이 아니라 아예 그 이웃이 되라고 하시는 것이다. 예수님께서 아예 우리 죄인 자신이 되셔서 십자가에서 죽으셨기 때문이다. 예수님은 우리가 되신 것이었다.

"내가 그리스도와 함께 십자가에 못 박혔나니 그런즉 이제는 내가 사는 것이 아니요 오직 내 안에 그리스도께서 사시는 것이라"(갈 2:20上)

이웃사랑은 그 사람의 입장이 되는 것이 아니라 우리가 아예 그 이웃이 되는 것이고, 그렇게 되면 이웃사랑이 아니라 자기 자신을 사랑하는 것이 된다. 진정한 이웃사랑은 내가 나를 돕는 것이어야 한다. 내가 이웃이 되어서 그 이웃을 섬긴다면 우리의 사랑의 행위는 율법의 마침표요 완성이 되는 것이다.

"너희도 함께 갇힌 것 같이 갇힌 자를 생각하고 너희도 몸을 가졌은즉 학대 받는 자를 생각하라"(히 13:3)

이웃사랑의 상이 큰 이유는 그 속에 모든 계명이 다 들어있기 때문이다. 네 이웃을 네 자신처럼 사랑하라는 그 말씀 속에 그리스도인으로서의 삶의 원리가 다 들어 있는 것이다. 우리 이웃을 돕는 입장에서가 아니라 아예 그 이웃이 되어버리는 진정한 의미의 이웃사랑을 행한다면 그 상은 무엇보다 큰 상으로 우리들에게 주어지게 될 것이다.

"간음하지 말라, 살인하지 말라, 도둑질하지 말라, 탐내지 말라 한 것과 그 외에 다른 계명이 있을지라도 네 이웃을 네 자신과 같이 사랑하라 하신 그 말씀 가운데 다 들었느니라"(롬 13:9)

하나님 섬김에 소홀하면서 이웃을 섬긴다고 열심인 것도 안 되지만, 하나님을 섬긴다고 이웃을 외면하는 것도 안 된다.

이웃사랑의 상 5

이웃사랑의 상과 이웃외면의 벌

이웃사랑은 하나님 사랑의 통로이므로 행하면 상을 받지만 행하지 않으면 상을 빼앗긴다. 통로가 막히면 통로가 아니다.

이웃사랑은 칭찬과 하늘의 상을 받지만, 행치 않아도 괜찮을까? 그렇지 않다. 그러면 하나님은 불공평한 분이다. 성경에 의하면 이웃을 사랑하지 않는 것은 죄이다. 그리스도인은 마땅히 긍휼을 베풀어야 한다. 감당하지 않으면 심판이 뒤따른다. 심판은 하나님의 회초리라도 맞는다는 말인가? 아니다. 저 천국으로 올라가는 것조차 허락되지 않을 수 있다.

"긍휼을 행하지 아니하는 자에게는 긍휼 없는 심판이 있으리라 긍휼은 심판을 이기고 자랑하느니라"(약 2:13)

이웃과 형제를 사랑하는 것은 하나님 사랑의 통로가 되는 일이다. 그리스도로 인하여 하나님과 화목하게 된 그리스도인들은 예수님께서 하나님과 우리들 사이의 통로가 되신 것처럼 세상의 모든 사람들과 하나님 사이의 통로가 되어야 한다. 우리는 축복의 통로가 아니라 하나님 사랑의 통로이다. 그리스도인들은 하나님의 마음을 담고 살아가는 그릇들인 것이다.

> "누가 이 세상의 재물을 가지고 형제의 궁핍함을 보고도 도와 줄 마음을 닫으면 하나님의 사랑이 어찌 그 속에 거하겠느냐"(요일 3:17)

충성하는 사람에게 상을 주시지만 벌점 같은 것도 있는데, 성경은 이것을 불시험이라고 한다. 받을 상을 까먹을 수도 있다. 한 달란트 받은 자는 그것도 빼앗겼다. 달란트는 하늘의 상을 받는 수단이다. 우리는 이 땅의 삶을 통하여 저 하늘의 상을 쌓는다. 마땅히 할 일이라도 상을 받지만 하지 않으면 벌을 받는다.

> "너희는 스스로 삼가 우리가 일한 것을 잃지 말고 오직 온전한 상을 받으라"(요이 1:8)

하늘의 상을 추구해야 하는 이유는 그리스도인으로서의 정체성을 소유해야 하기 때문이다. 정체성이 참 신앙인을 만든다.

제12장

박해 받는 사람이 받을 상

박해의 상 1

박해받을 짓을 하라, 큰 상이 있을 것이다

박해는 정상적으로 믿으면 저절로 따라오기 때문에 상이 큰 것이다.
삶의 방식이 세상과 반대이기 때문에 박해를 받는다.

하늘에서 주시는 두 번째 큰 상은 믿음 때문에 받는 박해에 대한 상이다. 박해당하는 일은 결코 반갑지 않겠지만 박해를 받음으로써 오히려 하늘의 상은 더 커진다. 박해받는 그 자체로 이미 큰 상이 준비된다. 예수님을 믿는 것 때문에 박해와 비난을 받는다면 이미 큰 상을 받은 것이다. 박해를 받는 것 자체가 이미 박해를 받을 만큼 행했다는 뜻이다. 물론 박해를 끝까지 이겨내면 상은 더 커질 것이다. 이 말씀은 박해받을 짓을 골라서 하라는 말씀이다.

"그러나 의를 위하여 고난을 받으면 복 있는 자니 그들이 두려워하는 것을 두려워하지 말며 근심하지 말고"(벧전 3:14)

성도가 자기 신앙양심대로 살면 박해는 더 크게 다가온다. 세상이 흘러가는 대로 살면 박해는 오지 않고 고난도 피할 수 있다. 그러나 그리스도인의 정체성을 지키면서 살면 반드시 박해는 따라오게 되어 있다. 마태복음 5:11 첫 절 "나로 말미암아"라는 말씀이 바로 그 말씀이다. 예수님을 믿는 것으로 인한 박해, 예수님의 말씀에 순종하려다가 받는 어려움들, 예수님을 닮은 삶을 살려다가 반대자들에 의해 곤란을 당하는 것은 그리스도인이라면 당연히 당할 수밖에 없는 일들이다.

> "나로 말미암아 너희를 욕하고 박해하고 거짓으로 너희를 거슬러 모든 악한 말을 할 때에는 너희에게 복이 있나니 기뻐하고 즐거워하라 하늘에서 너희의 상이 큼이라 너희 전에 있던 선지자들도 이같이 박해하였느니라"(마 5:11-12)

진리와 믿음의 가치를 먼저 가르치지 않고 받을 복과 성공을 강조하며 전도함으로써 박해를 피하는 성도를 만들었다.

박해의 상 2

우리가 선지자이다. 아니, 선지자여야 한다

선지자들은 하나님의 말씀으로 외치기 때문에
선지자들이 받는 박해는 하나님 대신 받는 것이다. 그래서 큰 상이 있다.

주님은 박해받는 사람들을 선지자들과 동등하게 여기셨다. 선지자들이 똑같은 박해를 받았기 때문이었다. 선지자들은 하나님의 말씀을 끝까지 그대로 전하기 때문에 박해를 받았다. 우리가 박해를 받는다면 똑같은 이유 때문에 선지자들의 상과 동일한 큰 상을 주신다. 우리도 복음을 말하고 복음으로 살면 당연히 미움과 박해를 받을 것이고, 그것이 바로 선지자인 것이다. 그런데 그 박해가 참으로 끔찍하다. 죽이거나 십자가에 못 박거나 회당에서 채찍질하거나 따라다니면서 박해를 한다는 것이다.

"기뻐하고 즐거워하라 하늘에서 너희의 상이 큼이라 너희 전에 있던

선지자들도 이같이 박해하였느니라"(마 5:12)

왜 선지자들을 박해했을까? 우선 선지자들이 정의와 공의를 행하기 때문이다. 마찬가지로 정의와 공의에 기초한 삶을 살지 못하는 사람은 올바른 그리스도인은 아니다. 또한 하나님께서 보내셨기 때문이다. 어차피 박해를 받거나 죽거나 할 텐데 하나님은 왜 지속적으로 선지자들을 보내시는가? 하나님은 선지자들의 입을 통해서 세상에 말씀하시고 하나님의 일을 이루어가시기 때문이다. 또 종교적인 이유 때문에 박해가 온다. 종교는 제도로서 존재하기 때문에 율법이나 복음이 빠질 수도 있고 다른 거짓 복음이 들어갈 수도 있다. 그래서 선지자들이 외치는 것이다.

"그러므로 내가 너희에게 선지자들과 지혜 있는 자들과 서기관들을 보내매 너희가 그 중에서 더러는 죽이거나 십자가에 못 박고 그 중에서 더러는 너희 회당에서 채찍질하고 이 동네에서 저 동네로 따라다니며 박해하리라"(마 23:34)

우리는 현대의 선지자들이다. 복음을 말하고 복음으로 살면 틀림없는 선지자들이고 하늘에서 선지자들의 큰 상을 주신다.

박해의 상 3

초대교회는 박해교회였다. 오늘날도 그렇다

초대교회 성도들은 세상을 거스르는 생활 방식 때문에 박해를 받았다.
그들은 유대와 이방 세계에서 선지자들이었다.

초대교회 성도들이 당한 박해는 선지자들보다 덜 하지 않았다. 고문, 조롱, 채찍질, 결박, 옥에 갇힘, 돌에 맞음, 톱으로 켜짐, 칼로 죽임, 짐승가죽 입고 유리하기, 궁핍, 환난, 학대. 말로만 들어도 끔찍하다. 예수 믿는 것 때문에 이런 끔찍한 박해를 받는다면 그 자체로 상을 받을 만하지 않겠는가?

> "또 어떤 이들은 조롱과 채찍질뿐 아니라 결박과 옥에 갇히는 시련도 받았으며 돌로 치는 것과 톱으로 켜는 것과 시험과 칼로 죽임을 당하고 양과 염소의 가죽을 입고 유리하여 궁핍과 환난과 학대를 받았으니 (이런 사람은 세상이 감당하지 못하느니라) 그들이 광야와 산과 동굴과 토굴에 유리하였느니라"(히 11:36-38)

초대교회 성도들이 박해를 받은 이유는 다소 다른 측면이 있었다. 이방 세계에서 하나님의 자녀가 박해를 받는 것은 당연했지만, 똑같은 여호와 하나님을 믿는다는 유대인들로부터 더 많은 박해를 받았다. 그것은 예수님이냐 아니냐의 차이였다. 예수님을 믿지 못하면 참된 구원의 길을 받지 못하고 박해하는 것이다.

"형제들아 너희가 그리스도 예수 안에서 유대에 있는 하나님의 교회들을 본받은 자 되었으니 그들이 유대인들에게 고난을 받음과 같이 너희도 너희 동족에게서 동일한 고난을 받았느니라"(살전 2:14)

예수님처럼 예수님의 제자들은 박해를 받게 되어 있다. 예수님의 제자가 된다는 결단 속에 이미 박해를 각오하는 믿음이 들어있었다. 우리는 예수님의 제자들이다. 예수님을 믿는 사람들은 성령을 따라 난 사람들이기 때문에 육체에 속한 사람들로부터 박해받을 수밖에 없다. 박해를 느끼지 못한다면 문제가 있을 수 있다. 경건하게 살고자 하는 사람들에게 박해가 따라온다. 경건이란 하나님의 뜻과 마음을 삶에서 구현해내는 모습을 말한다.

"무릇 그리스도 예수 안에서 경건하게 살고자 하는 자는 박해를 받으리라"(딤후 3:12)

우리의 믿음은 초대교회와 동일하다. 물질만능의 세상에서 심각한 불이익을 당할 수 있다. 끝까지 이기면 큰 상이 기다린다.

박해의 상 4

평화는 박해의 다른 얼굴이다

오늘날에는 박해를 분별해야 박해를 이길 수 있다.
그리스도인들이 교묘한 세속주의와 싸울 때 박해의 상을 받을 수 있다.

평화시대에는 거기에 맞는 박해가 따라온다. 다만 박해라는 모습이 아니라 손해, 불이익이라는 모습으로 나타난다. 예수님을 믿음으로써 삶에서 드러날 수밖에 없는 정직과 긍휼의 모습들이 세상을 불편하게 만드는 것이다. 기독교 윤리는 세상윤리보다 훨씬 엄격하고 깨끗해야 한다. 그런 의식을 기독교인들이 다 품고 있었다면 이토록 세상이 썩어빠지지는 않았을 것이다.

> "이같이 너희 빛이 사람 앞에 비치게 하여 그들로 너희 착한 행실을 보고 하늘에 계신 너희 아버지께 영광을 돌리게 하라"(마 5:16)

이 나라에는 큰 고난이 닥쳐올 수도 있다. 기독교인들이 물질과 명예와 출세의 우상숭배를 자행했기 때문이다. 축복! 축복! 또 축복! 하면서 끊임없이 기복신앙을 부르짖었기 때문이다. 끝없이 치유, 회복, 용서만 이야기했기 때문이다. 참된 믿음으로 돌아오지 않으면 부르짖어 기도해도 나라는 회복될 수 없다.

> "그들이 평안하다, 안전하다 할 그 때에 임신한 여자에게 해산의 고통이 이름과 같이 멸망이 갑자기 그들에게 이르리니 결코 피하지 못하리라"(살전 5:3)

왜 그리스도인이 세상을 쫓아가는가? 손해, 불이익, 위협들이 우리를 박해하기 때문이다. 세상의 흐름을 쫓으면 박해는 없지만 거짓 평안 뒤에 무서운 심판이 따라온다. 박해받지 않는 정체성, 박해를 두려워하는 정체성은 건강한 정체성일 수 없다. 박해를 받는데 왜 큰 상을 주시는가? 몹시 힘이 들지만 오로지 하나님께만 충성하는 것이기 때문에 큰 상을 주시는 것이다. 마귀는 대항하면 물러간다.

> "그런즉 너희는 하나님께 복종할지어다 마귀를 대적하라 그리하면 너희를 피하리라"(약 4:7)

개혁은 과거에 받던 칭찬과 박해를 다시 받는 것이다.
박해가 와도 부정과 부패와 편법과 불법들과 싸우는 것이 개혁이다.

박해의 상 5
박해받을 때가 가장 강할 때이다

박해받을 때 용서하고 축복하며 견디고 기뻐하면 그 자체가 큰 상이다.
그렇게 하지 못하면 박해를 이기기 힘들다.

성경은 박해를 받을 때 박해하는 자를 축복하라고 가르친다. 어떤 축복을 해야 하겠는가? 가장 큰 축복은 저들이 예수님을 만나게 해달라고 축복하는 것이다. 그것이 박해받는 그리스도인의 정체성이다. 저들의 영혼을 위해 복을 빌어야 한다. 그 복이 이루어지지 않더라도 박해를 복으로 갚는 사람들에게는 하늘에서 아주 큰 상이 주어진다.

"너희를 박해하는 자를 축복하라 축복하고 저주하지 말라"(롬 12:14)

또 박해가 올 때 참고 견뎌야 한다. 예수님은 오히려 박해를 기뻐하고 즐거워하라고 가르치셨다. 그것이 가능하겠는가? 성령님으로 인하여 그렇게 될 수 있다. 왜 기뻐해야 하는가? 선지자들이 받을 큰 상을 박해받는 사람들에게 주시기 때문이다. 하늘의 상이 존재하지 않는다면 기뻐하면서 박해당할 이유도 없다. 하늘의 상은 그리스도인에게 힘과 능력이 되는 것이다.

> "기뻐하고 즐거워하라 하늘에서 너희의 상이 큼이라 너희 전에 있던 선지자들도 이같이 박해하였느니라"(마 5:12)

바울은 박해받을 때가 가장 강할 때라고 했다. 왜냐하면 이때야말로 하나님만을 전적으로 의지할 수 있는 때이기 때문이다. 자기 힘이 아니라 하나님의 능력으로 이기게 되므로 가장 강할 때인 것이다. 이때야말로 심령이 가난해지는 때이고, 하나님을 가장 크게 의지함으로써 박해를 이기게 해주실 때인 것이다.

> "박해를 받아도 버린 바 되지 아니하며 거꾸러뜨림을 당하여도 망하지 아니하고"(고후 4:9)

박해 자체가 아니라 박해가 올 때 성도의 태도가 훨씬 중요하다. 그것이 박해를 이겨내고 하늘의 큰 상을 받도록 이끌어준다.

제13장

주님과의 동행 상

담대함의 상 1

주님의 동행을 믿는 사람은 담대하다

담대함 자체가 상이 되는 것은 아니나 담대함이 주는 유익이 너무 크다.
세상과 싸워 이기려면 담대함이 없이는 불가능하다.

주님께서 주시는 담대함이 있어야 복음을 자신 있게 전할 수 있다. 전도는 복음의 최일선에서 직접 악의 세력들과 싸우는 일이기 때문이다. 복음전파는 성령님께서 부어주시는 담대함이 넘칠 때에만 가능한 일이고, 그렇게 복음을 전파하는 사람은 하늘에서 큰 상을 받을 수 있게 되는 것이다.

> "형제 중 다수가 나의 매임으로 말미암아 주 안에서 신뢰함으로 겁 없이 하나님의 말씀을 더욱 담대히 전하게 되었느니라"(빌 1:14)

권면에도 담대함은 필요하다. 하나님의 마음으로 권면해야 할 때는 사람 눈치 보지 않고 담대하게 권할 수 있어야 한다. 자기 입장에서가 아니라 전적으로 하나님의 은혜로 말미암아 주시는 감동으로 해야 한다. 직설적으로 해야 한다는 것이 아니라 그리스도의 사랑이 담긴 마음으로 진실을 다해 권면해야 할 것이다. 거기에 담대함이 필요하다.

> "그러나 내가 너희로 다시 생각나게 하려고 하나님께서 내게 주신 은혜로 말미암아 더욱 담대히 대략 너희에게 썼노니"(롬 15:15)

담대함은 우리 하나님 앞에 나아갈 때 반드시 필요하다. 우리가 우리 자신의 영적인 모습을 똑바로 바라볼 수 있다면 우리는 결코 하나님 앞에 나타날 수 없다. 믿음 좋은 사람은 기도해서 큰 응답을 받거나 많은 사람들에게 감동을 주는 사람이 아니라 작은 죄도 민감하게 느끼고 하나님 앞에 무릎 꿇는 사람이다. 그러므로 하나님께 나아갈 때에도 담대함은 반드시 필요하다.

> "자녀들아 이제 그의 안에 거하라 이는 주께서 나타내신 바 되면 그가 강림하실 때에 우리로 담대함을 얻어 그 앞에서 부끄럽지 않게 하려 함이라"(요일 2:28)

**성도의 신앙생활 가운데 담대함이 있어야 하늘의 상으로 이끌려갈 수 있다.
담대할 수 있는 것은 주의 동행 때문이다.**

담대함의 상 2

내가 하나님의 편이어야 하나님도 네 편이시다

예수님과의 동행은 담대함의 뿌리가 되지만
그 동행은 예수님이 내 편이기 이전에 내가 예수님의 편이어야 한다.

너희는 담대하라고 하셨다면 세상은 싸워서 이겨야 하는 대상이 된다. 그리스도인으로서 사명이 있다면 그 사명을 감당할 수 있도록 담대함을 주신다. 그리스도인 모두가 사명자라는 생각을 품을 수 있어야 한다. 그러면 세상에 어떤 위협이 와도 담대할 수 있다.

"이것을 너희에게 이르는 것은 너희로 내 안에서 평안을 누리게 하려 함이라 세상에서는 너희가 환난을 당하나 담대하라 내가 세상을 이기었노라"(요 16:33)

담대함이란 예수님을 따름으로부터 시작된다. 내가 예수님이 계신 그곳에 가서 예수님과 함께 있는 것이다. 하늘에 대한 소망과 하나님을 바라보는 소망도 우리를 담대하게 만들어준다. 당연한 말이지만, 성령 충만할 때 담대함을 주신다. 성령 충만한 상태는 자기를 비운 상태이고 그것은 바로 예수님과의 동행을 의미하는 것이다.

"빌기를 다하매 모인 곳이 진동하더니 무리가 다 성령이 충만하여 담대히 하나님의 말씀을 전하니라"(행 4:31)

동행이라고 하면 흔히 '나와 함께 하시는 하나님'이라고 생각하지만 이미 주님께서 성령님으로 나와 함께 계신다. 그러므로 하나님께서 나와 동행하시는 것이 아니라 내가 하나님과 동행하는 것이어야 한다. 자기중심적인 신앙으로는 예수님이 자신을 위해 존재하시는 것처럼 생각되겠지만, 자기가 다 결정해서 계획을 세워놓고 하나님께 따라오라고 해서는 안 된다.

"사람이 나를 섬기려면 나를 따르라 나 있는 곳에 나를 섬기는 자도 거기 있으리니 사람이 나를 섬기면 내 아버지께서 그를 귀히 여기시리라"(요 12:26)

주님과 동행하기 위해 따르지 않으면 담대함을 주실 수 없고, 그렇게 되면 담대함으로 인한 하늘의 큰 상을 받을 수 없다.

담대함의 상 3

어려움은 담대함의 출발점이다

일이 잘 되면 담대함을 잃어버리지만, 고난이 오면 주님과 동행함으로써 큰 담대함을 얻고 세상에 승리하게 된다.

주님과의 동행이 담대함을 주시지만, 주님과 동행해도 믿지 않는 사람들이 만나는 모든 고난을 당하거나 오히려 더 큰 어려움을 당할 때도 있다. 잘 믿는다면서 더 큰 (축)복을 받아야 된다는 사람들이 있다. 그래야 전도가 된다는 것이다. 하지만 기독교인들이 못살아서 전도가 안 되는 것이 아니다. 예수님 당시부터 초대교회를 지나면서 대부분의 성도들은 어려운 사람들이었다. 못살고 박해받고 쫓겨 다니던 사람들이 그런 시절을 거치면서 오히려 기독교는 확산되지 않았던가? 어려움이 담대함을 낳고, 담대함이 승리하게 만든다.

"그러나 의를 위하여 고난을 받으면 복 있는 자니 그들이 두려워하는

것을 두려워하지 말며 근심하지 말고"(벧전 3:14)

주님과 동행한다고 일이 술술 잘 풀리는 것은 아니다. 더욱 문제가 많이 생길 수 있다. 제자들이 갈릴리 바다를 건너던 중에 큰 풍랑을 만났는데 그 배에는 예수님이 타고 계셨다. 바울이 로마로 압송될 때 유라굴로라는 태풍이 일어 배가 쪼개질 지경이었다. 주님께서 바울에게 힘을 주셨지만, 그렇다고 풍랑이 비껴간 것은 아니었다. 주님과 동행하면 오히려 문제가 생길 수 있고, 박해를 받을 수도 있고, 어려움을 당하고, 사업이 망할 수도 있다. 그런데 주님과의 동행이 없으면 아무 것도 아니다.

"여러 날 동안 해도 별도 보이지 아니하고 큰 풍랑이 그대로 있으매 구원의 여망마저 없어졌더라 … 바울아 두려워하지 말라 네가 가이사 앞에 서야 하겠고 또 하나님께서 너와 함께 항해하는 자를 다 네게 주셨다 하였으니"(행 27:20, 24)

**담대함은 하늘의 큰 상으로 이끌며, 담대하려면 주님과 동행해야 한다.
주님의 동행으로 인한 담대함이 세상을 이기게 한다.**

담대함의 상 4

에녹과 엘리야는 동행의 큰 상을 받았다

아이에게 엄마가 행복인 것처럼 주님과의 동행 자체가 큰 상이다.
우리는 이 땅에서 큰 상을 누릴 수 있는 것이다.

상 받을 것이 없다고 느낄 때조차도 큰 상을 받을 수 있다. 주님과의 동행으로 담대함을 얻고, 세상과 싸워 이길 때 하늘에서는 큰 상이 있다. 하지만 주님과의 동행 자체가 이미 큰 상이다. 내가 주님과 동행하면서 주님 곁을 떠나지 않고 모든 고난을 이겨내는 것 자체가 큰 상이라는 것이다.

> "이것이 노아의 족보니라 노아는 의인이요 당대에 완전한 자라 그는 하나님과 동행하였으며"(창 6:9)

에녹은 하나님과 동행함으로써 산 채로 천국에 들려올라갔다. 에녹이 하나님과 동행하며 한 일은 자녀들을 낳은 것밖에는 없다. 물론 유다서에 보면 에녹의 예언이 나온다. 아무튼 하나님과 동행한 에녹에게 주어진 상은 죽음을 보지 않고 천국에 간 것이었다. 이것보다 더 큰 상이 어디에 있겠는가?

> "에녹이 하나님과 동행하더니 하나님이 그를 데려가시므로 세상에 있지 아니하였더라"(창 5:24)

엘리야도 산 채로 하늘에 올라간 사람이다. 그러면 엘리야도 하나님과 항상 동행했다는 말이 될 것이다. 엘리야가 완전히 탈진하여 로뎀나무 아래 쓰러져 깊은 잠에 빠졌는데, 천사가 두 번이나 떡과 물을 먹게 한다. 이런 사람은 엘리야밖에는 없다. 또 다른 동행의 증거는 제자들이 '엘리야의 성령'이라고 외친 말이다. 구약시대에 성령이 엘리야에게만 풍부하게 나타났다는 것은 엘리야가 하나님과 늘 동행했었다는 반증이 되는 것이다.

> "맞은편 여리고에 있는 선지자의 제자들이 그를 보며 말하기를 '엘리야의 성령'이 하시는 역사가 엘리사 위에 머물렀다 하고 그에게로 나아가 땅에 엎드려 그에게 경배하고"(왕하 2:15)

하나님과의 동행은 담대함을 낳지만 하나님과의 동행 자체가 큰 상이다. 공로가 있어서가 아니라 동행함으로 오는 상이다.

담대함의 상 5

비움과 동행과 담대함은 같은 말이다

성령으로 충만하지 못하면 하나님과 동행할 수 없고 그렇게 되면 담대함도 얻을 수 없으므로 세상에서 패할 수밖에 없다.

하나님과 동행할 때 생기는 담대함은 승리하게 만들어주고, 그 승리가 하늘의 큰 상으로 연결된다. 담대함이 없다면 하나님과 동행하고 있는지 뒤돌아보아야 한다. 담대함이란 꼭 겉으로 용감하고 대담하고 씩씩한 것만을 의미하지는 않는다. 조용한 담대함, 신중한 담대함, 거룩한 담대함도 얼마든지 있다. 담대함이 없으면 견디지 못한다.

"또 너희가 내 이름으로 말미암아 모든 사람에게 미움을 받을 것이나 끝까지 견디는 자는 구원을 얻으리라"(마 10:22)

예수님은 자기를 부정해야 하나님과 동행할 수 있다고 하셨다. 예수님과의 동행은 목숨도 버려야 할 때가 있다. 우리는 예수님과 동행하고 있지 못한 것이 아니라 자기를 비우지 못하는 것이다. 예수님과 동행하기 위해 이 땅에서 포기해야 할 것들이 너무 많다. 그럼에도 불구하고 이런 것들을 포기하지 못한다면 예수님과는 더 이상 동행할 수 없다. 그러면 담대함도 사라진다.

"누구든지 제 목숨을 구원하고자 하면 잃을 것이요 누구든지 나를 위하여 제 목숨을 잃으면 구원하리라"(눅 9:24)

엄밀한 의미에서 하나님과 동행하지 못하는 그리스도인은 있을 수 없다. 그리스도인은 십자가에서 그리스도와 함께 옛사람이 죽고 부활과 함께 거듭난 백성이기 때문이다. 그리스도와의 연합은 하나님의 임재를 의미하며, 하나님의 임재는 하나님과의 동행으로 이어진다. 하나님과 동행하지 못하는 신앙인은 십자가 밑으로 다시 돌아가 정체성을 회복해야 한다. 예수님도 십자가로 세상을 이기셨다.

"통치자들과 권세들을 무력화하여 드러내어 구경거리로 삼으시고 십자가로 그들을 이기셨느니라"(골 2:15)

우리를 비울 때 성령 충만함으로써 온전하게 주님과 동행할 수 있다.
하나님은 그 때 담대함으로 세상을 이기게 하신다.

제14장

하늘의 영원한 상

영원한 상 1

하늘의 상은 보상이 아니라 열매이다

은혜종교와 보상종교는 하늘의 상과 이 땅의 보상만큼 차이가 난다.
하나는 영원하고 빛나지만 하나는 썩어서 쓰레기가 된다.

구원은 인간의 행위로써 성립되는 것이 아니고 하나님의 전적인 은혜로 복음을 믿음으로써만이 이루어진다. 그러면 하늘의 상이란 무엇인가? 뭔가 행함으로써 보상이 주어진다면 다른 종교와 무엇이 다른가? 분명한 것은 하늘의 상은 행위로 인한 보상의 개념이 아니라는 것이다. 하늘의 상은 믿음의 결과를 따라오는 자연스러운 열매일 뿐이다.

"내가 진실로 진실로 너희에게 이르노니 한 알의 밀이 땅에 떨어져 죽지 아니하면 한 알 그대로 있고 죽으면 많은 열매를 맺느니라"(요 12:24)

식물의 씨앗을 심고 물을 주고 햇빛이 비치면 자연스럽게 싹이 나오고 줄기가 나오고 꽃이 피고 마침내 씨앗을 거두는 것처럼, 주님의 말씀을 따라 헌신하고 이웃을 사랑하고 빛과 소금의 역할을 감당하다 보면 하늘의 상이 차곡차곡 쌓이는 것이다. 다만 그 열매를 바라보면서 세상을 이겨나가야 한다는 것이다.

> "마치 사람이 자기 채소밭에 갖다 심은 겨자씨 한 알 같으니 자라 나무가 되어 공중의 새들이 그 가지에 깃들였느니라"(눅 13:19)

그리스도인은 그 어떤 보상도 필요 없을 만큼 복되고 복된 하나님의 자녀라는 권세를 받았다. 그러므로 가장 중요한 것은 마음을 다하고 뜻을 다하고 목숨을 다하는 간절함인 것이다. 똑같은 행위라도 거기에 담긴 마음은 천차만별이다. 하나님은 행위의 결과보다는 진실을 원하신다. 왜냐하면 결과는 사람의 소원이 아니라 하나님의 필요에 따라 주시는 것이기 때문이다.

> "하나님도 표적들과 기사들과 여러 가지 능력과 및 자기의 뜻을 따라 성령이 나누어 주신 것으로써 그들과 함께 증언하셨느니라"(히 2:4)

하늘의 상은 헌신에 대한 보상이 아니다.
하늘의 상은 이 땅의 복에서 눈을 떼어 하늘을 쳐다보게 하기 위해서 주신다.

영원한 상 2

모든 성도가 상속자가 되는 것은 아니다

생명까지도 주님께 드릴 수 있는 사람이 천국의 영원한 상속자가 된다.
그런 사람에게만 하늘이 허락된다.

하늘의 상을 바라본다고 할 때 주어지는 상은 가장 우선적으로 하늘나라의 상속자가 되는 것이다. 다만 상속자는 예수님의 고난에 함께 동참할 수 있어야 한다. 상속자가 되기 위한 고난이 아니라 상속자로서 당연히 주님과 함께 받을 고난이다. 하늘의 상속자는 예수님의 마음으로 살면서 예수님 마음의 통로가 되어 그리스도를 전하는 사람이 되는 것이다. 그것이 참 믿음이다.

"우리로 그의 은혜를 힘입어 의롭다 하심을 얻어 영생의 소망을 따라 상속자가 되게 하려 하심이라"(딛 3:7)

초대교회 그리스도인들에게 '믿음'은 자기의 모든 것을 잃어버릴 각오가 되어 있어야 하는 인생의 큰 결단이었다. 믿음에 따라 '주님'도 다양한 모습들로 나타난다. 마음의 평안이나 문제 해결이나 사업의 성공을 주시는 주님일 수도 있고, 기꺼이 고난을 함께 하는 주님이거나 박해가 심해도 떠나지 않을 주님일 수도 있다. 어디까지 주님으로 생각하느냐는 굉장히 중요하다.

> "또 내 이름을 위하여 집이나 형제나 자매나 부모나 자식이나 전토를 버린 자마다 여러 배를 받고 또 영생을 상속하리라"(마 19:29)

굶주리거나 목마르거나 헐벗거나 나그네 되었거나 병들거나 옥에 갇힌 사람들을 돌본 일로 하나님나라를 상속해주신다. 다만 이런 모든 일들이 주님을 돌본 것이기 때문에 상속자로 삼아 주시는 것이다. 주님을 사랑하기 때문에 주님을 섬기듯이 어려운 사람들을 도와줄 때 하늘의 상속자가 되는 것이다.

> "임금이 대답하여 이르시되 내가 진실로 너희에게 이르노니 너희가 여기 내 형제 중에 지극히 작은 자 하나에게 한 것이 곧 내게 한 것이니라 하시고"(마 25:40)

예수님을 사랑한다면 하나님 사랑과 이웃사랑을 실행함으로써 스스로 하늘나라의 상속자임을 증명해 보여야 한다.

영원한 상 3

틀림없이 하늘에서 상이 당신을 기다린다

운동선수가 메달을 위해 모든 것을 참고 이겨내는 것처럼 하늘의 보좌와 면류관과 보화를 바라보고 세상을 이겨야 한다.

예수님은 똑같은 상속자라도 천국에서 여러 가지 형태의 역할을 주신다. 첫째로 상속자로서 승리한 사람은 주님의 보좌에 앉아 왕 노릇 하게 된다고 하셨다. 성도들끼리 누가 누구를 다스린다는 말인가? 예수님은 죄를 다스리시고, 불의와 온갖 악을 다스리시고, 마귀를 다스리신다. 세세토록 왕 노릇 하게 된다는 말씀은 예수님의 다스리심에 동참하는 권세를 주신다는 말씀이다.

"한 사람의 범죄로 말미암아 사망이 그 한 사람을 통하여 왕 노릇 하였은즉 더욱 은혜와 의의 선물을 넘치게 받는 자들은 한 분 예수 그리스도를 통하여 생명 안에서 왕 노릇 하리로다"(롬 5:17)

둘째로 천국에서 면류관을 주신다. 면류관은 승리자의 상징으로, 이겨낸 성도들에게 주시는 하늘의 상이다. 에베소 교회에는 생명나무 열매를, 버가모 교회에는 만나와 흰 돌을, 두아디라 교회에는 새벽 별을, 사데 교회에는 흰 옷을 주신다고 하셨다. 이 모든 상들은 이기는 자들에게 주시는 상들이다. 면류관은 이기는 성도들에게 공통적으로 주시는 상이다.

"이제 후로는 나를 위하여 의의 면류관이 예비되었으므로 주 곧 의로우신 재판장이 그 날에 내게 주실 것이며 내게만 아니라 주의 나타나심을 사모하는 모든 자에게도니라"(딤후 4:8)

셋째로 천국에는 우리의 보물, 보화가 쌓여있다. 특별히 자기 소유, 재물을 팔아 가난한 사람들에게 나누어주는 사람에게 더욱 많은 보화가 쏟아질 것이다. 자기에게 주어지는 권리를 사용하지 않고 복음전파에 사용하면 하늘의 보화가 쏟아질 것이다. 주님을 사랑하고 섬기듯이 자기의 것을 사용해야 한다.

"오직 너희를 위하여 보물을 하늘에 쌓아 두라 거기는 좀이나 동록이 해하지 못하며 도둑이 구멍을 뚫지도 못하고 도둑질도 못하느니라"(마 6:20)

생명을 다할 때까지 온갖 고난과 어려움을 만나는데 하늘의 상을 바라보지 못하고 있다면 어떻게 승리할 수 있겠는가?

영원한 상 4

하늘의 상은 계급이 아니라 질서이다

천국에도 질서가 있어서 큰 사람이나 작은 사람의 개념은 있겠지만, 억울하거나 소외되거나 불행한 사람은 전혀 없다.

하늘에서의 네 번째 상은 천국에서 큰 자가 되는 것이다. 예수님은 계명을 친히 실천하면서 사람들을 가르치는 사람은 천국에서 큰 사람이 될 것이라고 하셨다. 또 다른 경우는 어린아이들처럼 자기를 낮추는 겸손한 사람도 천국에서 큰 사람이 된다고 하셨다. 종합하면 하나님만을 완전히 의지하는 사람이 천국에서 큰 사람이 되는 것이다.

"그러므로 누구든지 이 어린아이와 같이 자기를 낮추는 사람이 천국에서 큰 자니라"(마 18:4)

그런데 하늘에서 모든 사람들에게 똑같이 영원한 천국백성의 자격만 주어진다면, 일단 천국에 가기만 하면 다 똑같은 것이 되고 그러면 더 좋은 상을 바라보면서 이 땅에서 모든 것을 참고 견뎌야 할 필요가 없어진다. 더 큰 상을 바라보고 달려갈 필요도 없다. 우리는 그냥 천국에 가기만 하면 되는 것이다. 하지만 천국에는 각 사람의 삶에 맞는 다른 상이 기다리고 있다. 계급의 의미는 아닌 것이다.

"내가 너희에게 말하노니 여자가 낳은 자 중에 요한보다 큰 자가 없도다 그러나 하나님의 나라에서는 극히 작은 자라도 그보다 크니라 하시니"(눅 7:28)

하나님은 질서의 하나님이시므로 제도와 계급을 두실 수 있으시다. 다만 그 속에는 백성들을 억울하게 만드는 모순은 전혀 없다. 그래야 한다. 어떤 크기의 상이 주어지더라도 그 만족도는 동일해야 한다. 그래야 천국이다. 분명히 천국에서는 사람마다 다른 상들이 주어질 것이다. 그 상을 바라보고 나가야 한다.

"모든 눈물을 그 눈에서 닦아 주시니 다시는 사망이 없고 애통하는 것이나 곡하는 것이나 아픈 것이 다시 있지 아니하리니 처음 것들이 다 지나갔음이러라"(계 21:4)

천국에서의 상의 크기는 영향력이라고 할 수 있을 것이다. 영향력의 크기나 방향의 차이가 각각 다른 상으로 오는 것이다.

영원한 상 5

하늘의 상은 진심의 상이다

**하늘의 상은 행위 자체의 결과가 아니라 마음을 다해 사랑한 열매이다.
하늘 상의 크기는 하나님을 향한 진심의 크기이다.**

그리스도인으로서의 정체성을 아예 몰라서 세상의 번영만을 꿈꾸는 사람들, 단지 관념적이어서 실제 삶에 영향력이 거의 없는 사람들, 정체성이 분명하지만 많은 환난으로 자주 넘어지는 사람들, 그리고 건강한 정체성으로 세상을 이겨나가는 사람들이 있다. 우리는 하늘에 속한 사람으로서 당연히 하늘에서 상이 주어진다는 의식을 깊이 가지고 있어야 한다.

"사람에게 보이려고 그들 앞에서 너희 의를 행하지 않도록 주의하라 그리하지 아니하면 하늘에 계신 너희 아버지께 상을 받지 못하느니라"(마 6:1)

하늘 상의 가장 기본적이고 핵심적인 본질은 진심이다. 하나님은 성도의 진심을 크게 기뻐하신다. 열심도 실력도 노력도 헌신도 반드시 필요하지만 가장 중요한 것은 하나님을 향한 진심인 것이다. 진정한 사랑 앞에는 돈이나 보화는 고려대상이 될 수 없다. 금은과 보화도 사람들이 만들어낸 가치일 뿐이다.

"그들은 다 그 풍족한 중에서 넣었거니와 이 과부는 그 가난한 중에서 자기의 모든 소유 곧 생활비 전부를 넣었느니라 하시니라"(막 12:44)

우리는 항상 진심으로 하려고 노력해야 한다. 진심이 믿음이고 진심이 기도응답이고 진심이 사랑이다. 하늘의 상을 바라보는 사람은 이 세상에서의 상에 관심이 없다. 진정한 상, 영원한 상이 자신을 기다리는데 썩어질 이 땅의 상을 바라볼 이유가 전혀 없다. 하늘의 상은 상을 바라고 행하는 것이 아니라 진심으로 하나님을 사랑하는 삶을 사는 사람들에게 주어지는 것이다.

"그는 힘을 다하여 내 몸에 향유를 부어 내 장례를 미리 준비하였느니라"(막 14:8)

**하늘의 상은 진심으로 최선을 다해 달려갈 때 자연스럽게 따라온다.
예수님은 항상 작지만 진심으로 행한 일을 칭찬하셨다.**

제4부

이 땅에서 천국을 누려라

제15장

천국의 부요함을 누리자

부요함을 누림 1

구원뿐 아니라 부요함도 하나님의 선물이다

날마다 세상과 싸워야 하는 혼탁한 영적 싸움의 현장에서
천국의 부요를 누리지 못하면 지상의 번영을 쫓을 수밖에 없다.

천국에 속한 백성이면서 왜 지상에 속한 사람들처럼 살고 있는가? 그것은 하늘의 천국을 이 땅에서 누리지 못하고 있기 때문이다. 천국을 누리지 못하면서 세상을 이기기는 어렵다. 그리스도인의 가장 큰 특권은 천국의 부요함이다. 일시적이고 불완전하더라도 순간순간마다 천국의 부요함을 완전하게 누릴 수 있어야 이 땅의 번영의 유혹에 빠지지 않을 수 있다.

"내가 네 환난과 궁핍을 알거니와 실상은 네가 부요한 자니라 자칭 유대인이라 하는 자들의 비방도 알거니와 실상은 유대인이 아니요 사탄의 회당이라"(계 2:9)

요한이 보고 온 그 나라는 부요하기 짝이 없는 나라이다. 생명수와 생명나무가 있고 아픔과 상처와 눈물이 없으며 따로 에너지가 필요 없어 오염도 전혀 없는 완전한 곳이다. 한 마디로 하나님께서 직접 함께 계시는 곳이다. 가슴 벅찬 환희를 누리는 곳이다. 지상에서는 한 쪽의 부요가 다른 쪽의 빈곤으로 나타나지만, 천국의 부요는 모든 사람에게 완전한 만족을 제공한다.

"유대인이나 헬라인이나 차별이 없음이라 한 분이신 주께서 모든 사람의 주가 되사 그를 부르는 모든 사람에게 부요하시도다"(롬 10:12)

천국의 완전한 부요는 신령한 부활체로 변화된 백성들에게만 유효할 것이다. 마찬가지로 지상에서 천국의 부요함을 누리려면 마땅히 믿음으로 변화되어야 한다. 그것은 십자가에서 예수 그리스도와 연합함으로써만 가능해진다. 한마디로 예수님과의 연합이 천국의 부요함을 누릴 수 있게 만들어준다.

"우리 주 예수 그리스도의 은혜를 너희가 알거니와 부요하신 이로서 너희를 위하여 가난하게 되심은 그의 가난함으로 말미암아 너희를 부요하게 하려 하심이라"(고후 8:9)

하늘의 상을 바라보고 세상에서 끝까지 승리하려면 저 영원한 천국의 부요를 경험하고 느끼고 삶에서 누릴 수 있어야 한다.

부요함을 누림 2

예수님이 누리셨던 천국을 누리자

천국을 가장 잘 아시는 예수 그리스도를 통하여 천국의 부요를 누릴 수 있다.
예수님은 천국의 부요함의 유일한 통로이다.

우리는 그리스도를 통하여 주신 온갖 종류의 부요를 경험할 수 있다. 예수님은 태초부터 하나님과 함께 하신 분이다. 그리스도의 부요하심은 만물의 창조주이시며 주인이신 하나님의 부요하심이다. 그리스도의 부요하심을 알지 못한다면 제대로 믿는 것이 아니다. 그리스도께 모든 것을 다 맡기지 못한다면 그리스도의 부요함을 누릴 수 없다.

"그들을 주신 내 아버지는 만물보다 크시매 아무도 아버지 손에서 빼앗을 수 없느니라"(요 10:29)

그리스도의 충만한 사랑은 굶주리는 자, 소외된 자, 옥에 갇힌 자, 죄를 지은 자, 상처를 입고 있는 모든 자들을 다 덮을 만큼 무한하다. 우리는 그리스도의 사랑의 부요하심을 누릴 수 있어야 한다. 그리스도의 풍성함을 누리려면 그리스도의 말씀에 철저하게 순종해야 한다. 예수님의 말씀만을 전적으로 믿고 순종하지 않으면 불가능에 가까울 것이다.

> "능히 모든 성도와 함께 지식에 넘치는 그리스도의 사랑을 알고 그 너비와 길이와 높이와 깊이가 어떠함을 깨달아 하나님의 모든 충만하신 것으로 너희에게 충만하게 하시기를 구하노라"(엡 3:18-19)

천국이 얼마나 풍성하고 부요하고 아름다운 곳인가를 우리는 예수님을 통해서 경험할 수 있어야 한다. 그리스도의 부요하심을 누리는 방법은 그리스도의 풍성하심을 이방인들에게 전파하는 것이다. 그러려면 그 부요하심을 누릴 수 있어야 한다. 말로만 그리스도의 풍성하심을 전한다면 잘 전달이 되겠는가?

> "모든 성도 중에 지극히 작은 자보다 더 작은 나에게 이 은혜를 주신 것은 측량할 수 없는 그리스도의 풍성함을 이방인에게 전하게 하시고"(엡 3:8)

그리스도 안에 모든 것이 풍부한데도 불구하고 다른 곳에서 만족을 찾으려고 한다면 그것이 불행이 아니고 무엇이겠는가?

부요함을 누림 3

부요한 은혜를 누리는 만큼 행동이 나온다

십자가의 지극한 은혜를 깨달아야 하나님의 풍성한 은혜를 누릴 수 있다.
지상의 번영으로는 천국의 부요함을 누릴 수 없다.

그리스도인의 가장 핵심적인 내적 특징은 우리가 받은 은혜이다. 은혜라는 단어를 뺀다면 존재가치는 사라진다. 지극히 선한 사람이라도 하나님의 의에 비하면 너무나도 더러워서 아예 붉은색으로 뒤덮여 있다. 그런데 그것을 사함 받았다. 그 은혜는 일평생 매일 굶주리고 매 맞고 쫓겨 다니고 죽도록 일만 하고 조금도 쉬지 못한다고 할지라도 갚을 수 없을 정도이다.

"우리는 그리스도 안에서 그의 은혜의 풍성함을 따라 그의 피로 말미암아 속량 곧 죄 사함을 받았느니라"(엡 1:7)

만약에 하나님께서 즉각 심판하신다면 살아남을 사람은 없다. 하나님은 회개하기까지 길이 참으셨다. 그 크신 은혜로 구원의 은혜를 누릴 수 있게 된다. 하나님의 은혜는 구원의 은혜뿐만 아니라 그리스도인의 삶의 전 영역에 걸쳐서 마치 우리가 공기로 숨을 쉬듯이 펼쳐지고 있다. 우리는 그것을 누려야 한다.

"이는 그리스도 예수 안에서 우리에게 자비하심으로써 그 은혜의 '지극히' 풍성함을 오는 여러 세대에 나타내려 하심이라"(엡 2:7)

우리는 그리스도의 십자가의 은혜를 말하지 않을 수 없다. 그것은 천국을 누리는 데 필수요소이다. 십자가는 은혜인 동시에 능력이다. 우리는 그 어떤 경우에도 예수님의 십자가 희생의 은혜를 벗어날 수 없다. 자기중심적으로 하나님의 은혜를 이해하려고 한다면 자랑이 개입될 것이다. 자기자랑이 개입되면 동일한 은혜를 받으면서도 누릴 수 없게 된다.

"그러나 내게는 우리 주 예수 그리스도의 십자가 외에 결코 자랑할 것이 없으니 그리스도로 말미암아 세상이 나를 대하여 십자가에 못 박히고 내가 또한 세상을 대하여 그러하니라"(갈 6:14)

어떤 상황에서도 그리스도의 십자가로 돌아가 하나님의 은혜를 누림으로써 그 능력으로 세상을 능히 이길 수 있게 된다.

부요함을 누림 4

하나님의 지혜는 어리석어 보일 때가 많다

마귀를 이기신 지혜를 알면 우리 삶을 하나님의 풍성한 지혜에 맡길 수 있다.
단, 하나님의 지혜로 보이지 않을 때가 많다.

우리가 누릴 수 있는 또 다른 은혜는 하나님의 지혜와 지식의 부요함이다. 십자가의 은혜도 하나님의 깊고 풍성한 지혜의 산물이다. 그래서 십자가의 은혜를 누려야 세상을 이기는 것이다. 우리는 하나님의 지혜 안에 거할 때 가장 강하다. 하나님께 구하기만 하면 하나님은 반드시 승리할 길을 열어주신다. 이것이 하나님의 지혜를 누리는 방법이다.

"너희 중에 누구든지 지혜가 부족하거든 모든 사람에게 후히 주시고 꾸짖지 아니하시는 하나님께 구하라 그리하면 주시리라"(약 1:5)

하나님의 말씀이야말로 모든 지혜와 지식의 집합체이다. 하나님의 지혜는 성경을 통해서 누릴 수 있다. 말씀 속에 답이 있고 말씀 속에 길이 있고 말씀 속에 지혜가 있다. 말씀으로부터 오는 지혜의 부요를 누리려면 말씀을 실천함으로써 소화시켜야 한다. 그렇지 않으면 잘못하면 부작용이 나타날 수도 있다.

> "그리스도의 말씀이 너희 속에 풍성히 거하여 모든 지혜로 피차 가르치며 권면하고 시와 찬송과 신령한 노래를 부르며 감사하는 마음으로 하나님을 찬양하고"(골 3:16)

은사는 교회가 하나님의 부요하심을 누릴 수 있도록 각자에게 주시는 선물이다. 은사를 자랑하면 지혜의 부요를 경험할 수 없다. 은사는 교회뿐만 아니라 성도가 세상을 이기게 해주는 지혜가 되기에 충분하다. 은사를 통하여 교회와 성도를 유익하게 할 뿐 아니라 그 은사를 통하여 마귀의 모든 궤계를 이겨낸다면 그것은 바로 지혜의 부요를 누리는 것이 되는 것이다.

> "너희가 모든 은사에 부족함이 없이 우리 주 예수 그리스도의 나타나심을 기다림이라"(고전 1:7)

**은혜이든 지혜이든 은사이든 하나님은 전혀 부족하지 않게 주신다.
얼마만큼 누릴 수 있는가는 그리스도인 각자의 몫이다.**

부요함을 누림 5

채움이 아니라 비움으로 부요를 누린다

세상의 부요를 쫓으면 하나님으로부터 오는 삶의 부요를 누릴 수 없다.
하나님을 의지할수록 부요함을 더 크게 누릴 수 있다.

하늘의 부요함은 부족함이 없어야 한다. 필요할 때 언제라도 꺼내 쓸 수 있는 보물창고와 같은 것이기 때문이다. 물론 언제나 넘치게 채워져 있는 보물창고라야 한다. 하늘창고와 하나님의 지혜와 은사가 그렇지 않은가? 필요 이상으로 주어져도 별로 소용도 없다. 쓸데없이 죄만 짓거나 아니면 소유를 유지하는 힘만 들고 오히려 부요함을 잃어버릴 것이기 때문이다.

"나는 비천에 처할 줄도 알고 풍부에 처할 줄도 알아 모든 일 곧 배부름과 배고픔과 풍부와 궁핍에도 처할 줄 아는 일체의 비결을 배웠노라"(빌 4:12).

그리스도인의 누림은 많고 크고 넓은 것으로는 이루어질 수 없다. 왜 그렇게 큰 사업, 큰 교회, 엄청난 일에 관심이 많은가? 크고 많은 것은 하나님께서 필요에 따라 부어주시는 것이다. 크고 많은 것에서 만족을 느끼고 자랑이 되면 하나님의 부요를 누릴 수 있는 여지가 완전히 사라져버리게 될 수밖에 없다.

"여호와는 나의 목자시니 내게 부족함이 없으리로다"(시 23:1)

하나님의 부요를 누리기 위해서는 자꾸자꾸 버려야 한다. 모이면 버리고 높아지면 낮아져야 한다. 예수님은 태초부터 아버지 하나님의 나라에 모든 것을 가지고 계시지만 오히려 모든 것을 스스로 버리심으로써 하나님의 부요를 누릴 수 있으셨다. 그리스도인은 당연히 그리스도의 누리심을 따라 하늘의 부요를 이 세상에서 누릴 수 있는 것이다.

"이를 내게서 빼앗는 자가 있는 것이 아니라 내가 스스로 버리노라 나는 버릴 권세도 있고 다시 얻을 권세도 있으니 이 계명은 내 아버지에게서 받았노라 하시니라"(요 10:18)

그리스도인의 정체성은 하늘의 것을 이 땅에서 누리는 것이다.
미래의 하늘나라가 아니라 현실 속의 하늘나라를 사는 것이다.

제16장

평안과 안식을 누리자

평안과 안식 누림 1

하나님과의 화평은 사람과의 불화일 수도 있다

예수님의 십자가 화평으로만이 삶에서 천국의 안식을 누릴 수 있다.
비록 불완전한 안식이지만 수시로 누려야 한다.

우리는 세상이 아니라 하나님만을 의지하는 하나님의 백성들이다. 그리스도인의 평안은 바로 그 지점에서 시작된다. 그리스도인의 평안이란 조건이나 환경의 영향을 받지 않는 심령의 평안이지만, 그것은 피의 대가를 예수님께서 지불하신 사실을 굳게 믿는 데에서 출발한다. 그것이 화평의 언약이며, 그것으로 말미암아 성도는 참된 평안을 누릴 수 있는 것이다.

> "산들이 떠나며 언덕들은 옮겨질지라도 나의 자비는 네게서 떠나지 아니하며 나의 화평의 언약은 흔들리지 아니하리라 너를 긍휼히 여기시는 여호와께서 말씀하셨느니라"(사 54:10)

우리 평안의 근거가 되는 하나님의 화평은 사람과 사람 사이가 아니라 하나님과 사람 사이의 화평이고, 오직 예수 그리스도로 말미암지 않고는 성립될 수 없다. 예수님은 이 세상에 화평을 주려고 오신 것이 아니라 하셨다. 왜냐하면 예수님께서 주시는 화평은 하나님과 사람 사이의 화평이며, 때로는 사람 사이의 불화를 통하여 누릴 수 있는 것이기 때문이다.

"내가 세상에 화평을 주려고 온 줄로 아느냐 내가 너희에게 이르노니 아니라 도리어 분쟁하게 하려 함이로라"(눅 12:51)

우리는 예수님의 보혈의 공로를 믿음으로써 하나님과 거리낌이 없는 상태가 되었다. 이렇게 하나님과 완전한 화평을 이루는 상태에서 비로소 그 어느 것에서도 영향을 받지 않는 평안을 누릴 수 있는 것이다. 이것이 우리가 영원토록 누리는 평안의 전제조건인 것이다.

"그러므로 우리가 믿음으로 의롭다 하심을 받았으니 우리 주 예수 그리스도로 말미암아 하나님과 화평을 누리자"(롬 5:1)

우리가 평안과 안식을 누릴 수 있게 된 것은 예수님께서 십자가의 피로 하나님과 진정한 화평을 이루게 하신 까닭이다.

평안과 안식 누림 2

포기하지 않고 평안을 누릴 수는 없다

예수님의 평안은 죽음 이후까지도 하나님만을 절대적으로 의지할 때 얻을 수 있다. 하늘의 평안은 여기에서부터 출발한다.

이 땅에서 누리는 천국의 평안은 예수님의 평안이다. 예수님은 예수님의 평안을 우리에게 이미 주셨다. 그렇기 때문에 근심도 말고 두려워하지도 말라고 하신 것이다. 예수님은 이 말씀을 주시기 전에 중요한 한 가지를 말씀하시는데 그것은 보혜사 성령님을 이 땅에 보내신다는 말씀이었다. 주님께서 주시는 평안은 성령님으로 인한 평안이다.

"보혜사 곧 아버지께서 내 이름으로 보내실 성령 그가 너희에게 모든 것을 가르치고 내가 너희에게 말한 모든 것을 생각나게 하리라"(요 14:26).

사람이 할 수 없는 부분을 성령님께서 도와주시지만 그렇다고 믿음의 중요성이 약화되는 것은 결코 아니다. 예수님은 체포되실 때부터 평안을 누리고 계셨다. 조금의 동요도 없으셨다. 사형 판결의 결정적인 증언이 됨에도 예수님은 자신이 그리스도라고 정확하게 인정하셨다. 스스로 올무 속으로 들어가신 것이었다. 하늘로부터 내려오는 평안이 아니면 일어날 수 없는 일이다.

"다 이르되 그러면 네가 하나님의 아들이냐 대답하시되 너희들이 내가 그라고 말하고 있느니라 그들이 이르되 어찌 더 증거를 요구하리요 우리가 친히 그 입에서 들었노라 하더라"(눅 22:70-71)

예수님은 "나의 원대로 마시옵고 아버지의 원대로 하옵소서."라고 하셨다. 예수님의 평안은 하나님의 뜻에 맡김으로써 얻어지는 평안이었다. 그 평안이란 모든 것을 포기하고 하나님께 맡기고 나서 취할 수 있는 이김의 결과이기도 하다. 예수님께서 주시는 평안은 포기로부터 오는 승리의 결과물인 것이다.

"이르시되 아빠 아버지여 아버지께는 모든 것이 가능하오니 이 잔을 내게서 옮기시옵소서 그러나 나의 원대로 마시옵고 아버지의 원대로 하옵소서 하시고"(막 14:36)

예수님이 주시는 평안은 예수님의 승리의 결과이다.
우리는 하늘의 평안을 누리는 사람들이다. 승리할 것이기 때문이다.

평안과 안식 누림 3

평안은 세상을 이기는 힘이요 능력이다

세상을 향한 손을 놓고 하나님의 손을 붙잡을 때 예수님이 주시는 평안을 누릴 수 있다. 평안은 절대 믿음으로 얻는 것이다.

평안을 허물어뜨릴 만한 상황이 아니면 하늘의 평안을 얼마나 누리고 있는지를 깨닫지 못할 수도 있다. 아주 급박한 상황, 해결하지 않으면 안 될 상황을 만났을 때 우리는 과연 어떤 반응을 보일까? 하나님을 믿지 않는 사람들도 그런 위기를 이겨내고 무엇인가를 성취한 사람들이 많은데, 무엇이 그들과 하나님의 자녀인 우리를 구별하는 행동의 기준이 될 수 있겠는가?

"이것을 너희에게 이르는 것은 너희로 내 안에서 평안을 누리게 하려 함이라 세상에서는 너희가 환난을 당하나 담대하라 내가 세상을 이기었노라"(요 16:33)

목숨이 왔다 갔다 할 때에도 평안을 누린 사람이 바로 다윗이었다. 물론 아브라함도 이삭을 제물로 드릴 때 평안을 누리고 있었을 것이고, 모세도 홍해 바다를 앞두고 하늘이 주시는 평안을 누리고 있었을 것이다. 평안은 불가능한 위기를 이겨내고 하나님의 승리를 경험하게 하기 위한 조건이다. 세상에 승리하기 위해서는 평안이 능력이 되어준다는 말인 것이다.

"주께서 내 원수의 목전에서 내게 상을 차려 주시고 기름을 내 머리에 부으셨으니 내 잔이 넘치나이다"(시 23:5)

평안은 자포자기가 아니라 가장 큰 소망이다. 절대적인 소망을 위하여 극한적인 모든 것을 버리는 것이다. 체념이나 포기와 평안을 혼동하지 말자. 모든 것을 포기해야 하는 것은 맞지만, 하나님까지 포기하는 것은 아니다. 우리가 누려야 하는 평안은 가장 적극적인 하나님 소망, 천국소망인 것을 알아야 한다.

"너희를 위하여 하늘에 쌓아 둔 소망으로 말미암음이니 곧 너희가 전에 복음 진리의 말씀을 들은 것이라"(골 1:5)

**평안은 절대자에 대한 절대의지로만 누릴 수 있다.
하나님과의 관계를 훼방하는 모든 것을 제거할 때 넘치게 받을 수 있다.**

평안과 안식 누림 4

안식은 일시적인 죽음이어야 한다

천지창조 이후의 하나님의 영원한 안식을 이 땅에서 잠시나마 누리려면 죽음까지도 하나님께 맡길 수 있어야 한다.

쉽게 말하면 안식이란 쉼이다. 하지만 그 안식은 사람의 쉼이 아니라 하나님의 쉼이다. 하나님의 완전한 쉼은 창조하신 모든 일을 완전하게 하셨다는 데에서부터 출발한다. 하나님의 안식은 죄도 악도 허물도 없는 완벽하고 최고로 좋은 상태에서의 쉼이며, 모든 것이 완벽하게 성취된 이후의 쉼이다. 우리가 누려야 할 안식은 하나님의 안식인 것이다.

"하나님이 그 일곱째 날을 복되게 하사 거룩하게 하셨으니 이는 하나님이 그 창조하시며 만드시던 모든 일을 마치시고 그 날에 안식하셨음이니라"(창 2:3)

원래 에덴동산은 하나님과 사람이 안식하는 곳이었다. 하루하루, 한 순간 한 순간이 충만한 곳이었다. 하지만 아담과 하와는 스스로 그 안식을 잃어버렸다. 하나님께서 안식을 되찾아주셨는데, 그 지혜가 바로 그리스도의 십자가였다. 마귀에게 빼앗겼던 것을 예수님의 죽으심과 부활을 통해 회복해주셨다.

"무릇 하나님께로부터 난 자마다 세상을 이기느니라 세상을 이기는 승리는 이것이니 우리의 믿음이니라"(요일 5:4)

엄밀하게 말해서 세상을 이기지 못하는 그리스도인은 하나님의 안식을 누릴 수 없다. 완전한 안식이란 인간의 죽음이다. 그리스도인의 안식이란 마치 이 죽음과도 같은 것이어야 한다. 최종적으로 육체의 모든 일을 마치고 죽음으로 모든 것을 하나님께 맡기는 것이기 때문이다. 그런 의미에서 이 땅의 안식은 마치 잠자는 것과도 같다. 잠은 마치 죽음과도 같기 때문이다.

"예수께서 신 포도주를 받으신 후에 이르시되 다 이루었다 하시고 머리를 숙이니 영혼이 떠나가시니라"(요 19:30)

우리는 하나님의 안식을 누려야 한다. 누리면 좋은 것이 아니라 반드시 하나님의 안식을 누릴 수 있어야 하는 것이다.

평안과 안식 누림 5

안식의 깊이가 믿음의 상태이다

**무거운 짐을 벗고 주님의 멍에를 멜 때 충분한 안식이 온다.
안식을 누리지 못하고 있다면 현재 온전한 믿음이 아니다.**

지상에서의 안식은 완전한 회복을 전제로 하며, 세상과 싸워 이기는 능력이 된다. 참된 안식을 취하면 내일에 대한 염려가 필요 없다. 예수님은 그 날 일은 그 날로 족하다는 말씀을 통하여 안식의 조건을 제시하신다. 사람이 보기에 불만족스러울지는 모르지만 그리스도인들이라면 그 날 그 날 최선을 다하는 것으로 완전함을 누릴 수 있어야 한다는 말씀이다.

"그러므로 내일 일을 위하여 염려하지 말라 내일 일은 내일이 염려할 것이요 한 날의 괴로움은 그 날로 족하니라"(마 6:34)

하나님의 안식을 누리려면 하나님의 나라와 의를 먼저 구하고 모든 결과를 하나님께 맡기고 만족해야 한다. 또한 자기를 포기하지 않으면서 안식을 논한다면 거짓 안식이 될 뿐이다. 참된 안식은 모든 것을 주님께 맡기는 것이다. 그리고 주님께서 주시는 멍에를 메야 참된 안식으로 들어갈 수 있게 된다. 주님만으로 만족할 때 하나님의 안식을 충분히 누리게 되는 것이다.

"나는 마음이 온유하고 겸손하니 나의 멍에를 메고 내게 배우라 그리하면 너희 마음이 쉼을 얻으리니 이는 내 멍에는 쉽고 내 짐은 가벼움이라 하시니라"(마 11:29-30)

안식은 하나님 안으로 들어가는 것이다. 자신의 죄도 경험도 고집도, 욕심도 비전도 사역조차도 하나님께 다 맡기는 것이다. 그것은 철저한 순종의 결단이다. 안식이란 예수님의 승리를 바탕으로 하고 있다. 우리의 안식은 마귀가 활개 치는 세상 속에서 쟁취하는 것이다. 안식은 투쟁을 통하여 얻어지는 것이다.

"사무엘이 이르되 여호와께서 번제와 다른 제사를 그의 목소리를 청종하는 것을 좋아하심 같이 좋아하시겠나이까 순종이 제사보다 낫고 듣는 것이 숫양의 기름보다 나으니"(삼상 15:22)

우리는 모든 것을 내려놓고 오로지 주님 한 분만으로 만족함으로써 하나님의 평안과 안식을 누릴 수 있기까지 자라야 한다.

제17장

천국의 기쁨을 누리자

천국의 기쁨 누림 1

천국의 기쁨을 알아야 참 그리스도인이다

> 천국의 영원한 기쁨은 이 땅에서는 불완전하고 일시적인 현상이지만,
> 마치 샘물처럼 솟아나기 때문에 누릴 수 있는 것이다.

행함이 없으면 죽은 믿음이지만, 기쁨이 없어도 죽은 믿음이다. 왜냐하면 기쁨의 근원이 하나님께 있기 때문이다. 예수님은 성도들이 하늘의 평안과 기쁨을 누리기를 원하신다. 평안과 기쁨이 함께 어우러질 때 온전한 안식도 가능해진다. 안식을 통하여 모든 것을 치유하고 회복하지 못하면 죄악의 유혹에 빠지지 않을 것이라고 장담할 수 없게 되는 것이다.

> "평안을 너희에게 끼치노니 곧 나의 평안을 너희에게 주노라 내가 너희에게 주는 것은 세상이 주는 것과 같지 아니하니라 너희는 마음에 근심하지도 말고 두려워하지도 말라"(요 14:27)

천국의 기쁨을 맛볼 수 있다면 우리는 지속적으로 천국의 기쁨을 위하여 일할 것이다. 그것은 능력이며 힘이며 추진력이다. 우리는 천국의 기쁨을 누림으로써 육체의 소욕을 이길 수 있다. 천국기쁨은 일시적이며 불완전하지만, 그래서 그것은 세상의 괴로움을 온전히 씻을 정도로 큰 기쁨이어야 하는 것이다.

"내가 주는 물을 마시는 자는 영원히 목마르지 아니하리니 내가 주는 물은 그 속에서 영생하도록 솟아나는 샘물이 되리라"(요 4:14)

어떻게 천국의 기쁨을 지속적으로 누릴 수 있을까? 샘물을 생각하면 된다. 기쁨의 물을 마시면 사라질 수 있지만 샘은 곧 새로운 기쁨으로 채워진다. 하늘의 기쁨은 동력이 되지만, 기쁨이 없다는 것은 자기 일을 하고 있다는 증거이기도 하다. 자기 목적이 이루어졌을 때의 육체의 기쁨과 자기가 사라져도 하나님의 일이 이루어졌을 때의 하늘의 기쁨을 분별할 수 있어야 한다.

"내가 이것을 너희에게 이름은 내 기쁨이 너희 안에 있어 너희 기쁨을 충만하게 하려 함이라"(요 15:11)

하늘의 가장 큰 특징 두 가지는 평안과 기쁨이다.
신앙인은 지상에서 이 천국의 평안과 기쁨을 누릴 수 있어야 한다.

천국의 기쁨 누림 2
하나님의 기쁨으로 충만해야 한다

우리가 누려야 할 기쁨은 하나님의 기쁨이다.
하나님의 기쁨은 인간의 구원과 성도와의 친밀한 교제와 정직한 마음에 있다.

천국의 기쁨을 누리려면 하나님의 기쁨을 알아야 한다. 하나님은 원래 사람을 기뻐하셨다. 그래서 하나님은 타락한 인간을 구원하시기를 지극히 기뻐하신다. 하나님은 인간이 전부 타락했어도 노아를 구원하기를 기뻐하셨다. 교회의 목적이 바로 인간 구원이다. 인간의 타락에 한탄하셨기 때문에 돌이킬 때에는 기쁨이 배가된다. 하나님의 이런 기쁨을 이해하고 경험해야 한다.

"너의 하나님 여호와가 너의 가운데에 계시니 그는 구원을 베푸실 전능자이시라 그가 너로 말미암아 기쁨을 이기지 못하시며 너를 잠잠히 사랑하시며 너로 말미암아 즐거이 부르며 기뻐하시리라 하리라"(습 3:17)

잃어버린 백성을 구원하실 때 그토록 기뻐하셨다면, 그 다음으로 기쁘실 때는 돌이킨 백성들과 친밀한 교제를 나누실 때일 것이다. 구약에서는 제사를 통하여 백성들과 교제하셨고, 신약에 와서는 영적 예배로 교제하신다. 그것을 위해서는 성도 스스로가 산 제물이 되어야 한다. 우리는 삶의 제물도 드려야 한다. 그것은 우리의 소유를 버려 이웃을 돕고 나누어주는 것이다.

"그러므로 형제들아 내가 하나님의 모든 자비하심으로 너희를 권하노니 너희 몸을 하나님이 기뻐하시는 거룩한 산 제물로 드리라 이는 너희가 드릴 영적 예배니라"(롬 12:1)

하나님의 기쁨은 성도들의 마음을 향하신다. 하나님은 정직한 마음을 기뻐하신다. 무엇이든지 하나님께 정직한 마음으로 행하는 것이다. 바리새인들이 왜 예수님의 비판을 받았는가? 정직한 마음이 없었기 때문이다. 우리가 마음을 새롭게 함으로 변화를 받지 않으면 결국 바리새인들의 실수를 반복할 뿐이다.

"너희는 이 세대를 본받지 말고 오직 마음을 새롭게 함으로 변화를 받아 하나님의 선하시고 기뻐하시고 온전하신 뜻이 무엇인지 분별하도록 하라"(롬 12:2)

참된 변화를 위해 하나님의 기쁨을 조금이라도 이해하려면
이 세대를 본받지 말고 하나님의 말씀에 순종해보아야 한다.

천국의 기쁨 누림 3
예수님의 기쁨을 얼마나 아는가?

예수님이 누리셨던 기쁨은 성도들도 온전하게 누려야 한다. 예수님의 기쁨은 결과가 아니라 과정에서 우러나는 것들이었다.

주님의 계명을 지키라는 이유는, 주님께서 제자들을 사랑하신 것처럼 제자들도 서로 사랑하면 주님의 사랑이 그들 속에 거하게 되고 그럼으로써 주님의 기쁨으로 충만하게 되기 때문이었다. 서로 사랑이 천국의 기쁨을 충만하게 만들 수 있다. 그리고 온갖 박해와 고난에서 믿음을 지켜내는 사람도 진정한 영적인 기쁨을 누릴 수 있다. 우리는 이런 기쁨을 누려야 한다.

"내 계명은 곧 내가 너희를 사랑한 것 같이 너희도 서로 사랑하라 하는 이것이니라"(요 15:12)

예수님의 기쁨은 결과물이 아니라 하나님의 뜻에 순종하는 기쁨으로 더욱더 나아간다. 예수님은 열두 군단도 더 되는 천사들을 사용하지 않으시고 세상 권력에 복종하시는 데에서 기쁨을 누리셨을 것이다. 그것은 하나님과 하나 됨으로 인한 충만감, 하나님의 뜻의 성취로 인한 포만감, 영적으로 마지막 부분까지 가득 채워지는 충일감 등으로 표현할 수 있을 것이다.

> "신부를 취하는 자는 신랑이나 서서 신랑의 음성을 듣는 친구가 크게 기뻐하나니 나는 이러한 기쁨으로 충만하였노라 그는 흥하여야 하겠고 나는 쇠하여야 하리라 하니라"(요 3:29-30)

예수님의 기쁨은 사마리아 여인과의 대화에서처럼 영적인 채워짐을 진정한 양식으로 선포하신 데에서 발견할 수 있다. 영적인 채워짐이란 사람들에게 영적인 양식을 먹이는 기쁨이다. 예수님은 이 기쁨을 죄인 한 사람이 회개함으로써 일어나는 하늘에서의 기쁨으로 정리하여 말씀하셨다.

> "이르시되 내게는 너희가 알지 못하는 먹을 양식이 있느니라 제자들이 서로 말하되 누가 잡수실 것을 갖다 드렸는가 하니 예수께서 이르시되 나의 양식은 나를 보내신 이의 뜻을 행하며 그의 일을 온전히 이루는 이것이니라"(요 4:32-34)

성도란 예수님의 이 근원적인 기쁨을 이미 느끼고 경험한 사람들이다. 이제는 아는 것에 그치지 말고 누릴 수 있어야 한다.

천국의 기쁨 누림 4

자기 버림이 기쁨 회복의 특효약이다

천국의 기쁨을 잃어버렸다면 우선적으로 모든 것을 내려놓아야 한다.
천국기쁨 이외에 바라보았던 것들을 버려야 한다.

우리가 누려야 할 기쁨은 아버지 하나님의 기쁨이며, 예수님께서 직접 이 땅에서 누리셨을 그런 기쁨의 범주에 들어가야 할 것이다. 하지만 우리는 기쁨을 완전히 빼앗길 때가 많다. 어쩌면 우리가 누리는 기쁨은 많은 경우에 거짓 기쁨일 수도 있다. 왜냐하면 우리는 대개 조건이 충족되거나 가시적인 열매를 거두었을 때 무한한 기쁨을 누리게 되기 때문이다.

"지금은 너희가 근심하나 내가 다시 너희를 보리니 너희 마음이 기쁠 것이요 너희 기쁨을 빼앗을 자가 없으리라"(요 16:22)

하늘의 기쁨은 우리가 기대하던 바, 곧 하나님의 일이 중단되거나 실패하거나 가로막혔다고 생각될 때 잃어버리기 쉽다. 더구나 그럴 때 하늘의 기쁨을 잃어버릴 뿐 아니라 하나님의 사명에 대한 확신이 흔들리게 되고 열정도 감동도 능력도 힘도 다 잃어버리게 된다. 이럴 때 우리는 어떻게 해야 하늘의 기쁨을 빨리 회복할 수 있을까?

"너희 염려를 다 주께 맡기라 이는 그가 너희를 돌보심이라"(벧전 5:7)

기대하던 결과가 기대치보다 터무니없이 낮을 때 기쁨을 잃어버린다면 해답은 그 기대를 버리는 것이다. 하늘의 기쁨을 누리기 위해서는 하나님께 대한 참 소망 외에는 다 버려야 한다. 단체에 속했다면 그 직책이나 지위를 버리는 것도 좋은 방법이다. 하나님께 대한 소망보다 더 중요한 것은 없기 때문이다.

"이와 같이 너희 중의 누구든지 자기의 모든 소유를 버리지 아니하면 능히 내 제자가 되지 못하리라"(눅 14:33)

상처를 입었을 때 하늘의 기쁨을 빨리 회복하려면 자신의 기대감을 버려야 한다. 물론 시간은 필요할 것이다.

천국의 기쁨 누림 5

그리스도인의 기쁨은 본능이어야 한다

그리스도 예수님을 위하여 존재하는 것이 그리스도인의 본질이고 정체성이다.
그렇다면 예수님의 기쁨으로 충만해야 한다.

아무리 놀라운 결과가 눈앞에 닥칠지라도 부활의 결과보다 더 기쁠 수는 없다. 부활의 소망은 그 모든 소망의 출발점이기 때문이다. 또한 우리는 하늘에 우리의 이름이 기록될 것에 대한 기대를 버리면 안 된다. 그것을 바라보면서 우리는 우리의 기쁨을 최대한 유지할 수 있게 되는 것이다. 그러므로 천국기쁨을 잃어버렸을 때에는 부활과 하늘의 상에 대한 기대를 회복해야 한다.

"그들이 기다리는 바 하나님께 향한 소망을 나도 가졌으니 곧 의인과 악인의 부활이 있으리라 함이니이다"(행 24:15)

하늘의 기쁨을 잃었을 때 오히려 하늘의 기쁨을 배가시킬 수 있다. 왜냐하면 바울의 말대로 우리가 약할 때가 오히려 더 강하기 때문이다. 실패할 수밖에 없는 존재로 자신을 다시 바라볼 때 우리는 더욱 더 하나님을 의지할 수밖에 없게 된다. 바울은 약한 것과 능욕과 궁핍과 박해와 곤고를 기뻐하는데 그 때 더욱 하나님을 의지함으로써 승리하게 되기 때문이라고 했다.

> "그러므로 내가 그리스도를 위하여 약한 것들과 능욕과 궁핍과 박해와 곤고를 기뻐하노니 이는 내가 약한 그 때에 강함이라"(고후 12:10)

하늘의 기쁨은 성령님이 주셔야만 하는 기쁨이다. 그리스도인은 말씀의 지배를 받아야 기쁨을 누릴 수 있는데, 그 힘의 원천이 성령님이다. 성령님이 아니면 말씀을 깨달을 수조차 없다. 세상에서 살면서 성령님께서 주시는 기쁨과 말씀의 능력이 빠진다면 모든 노력은 단지 인간의 의지밖에는 안 될 것이다.

> "근심하는 자 같으나 항상 기뻐하고 가난한 자 같으나 많은 사람을 부요하게 하고 아무 것도 없는 자 같으나 모든 것을 가진 자로다"(고후 6:10)

아무리 큰 사역을 감당하고 있어도 천국의 기쁨을 누리고 있지 못하다면 빨리 모든 것을 내려놓고 본질로 돌아와야 한다.

제18장

땅에서 천국을 누리자

땅에서 천국 누림 1
교회와 성도를 망치는 것은 거짓 정체성이다

유대인들은 선민이었지만 선민의식만을 가진 거짓 선민이었다.
교회도 거짓 정체성을 깨뜨리지 못하면 다 망한다.

유대인들은 하나님의 율법을 의지하고 하나님만을 자랑하며 율법으로 말미암아 하나님의 뜻과 계획을 안다고 생각했다. 그들은 선한 것을 분별하고 맹인의 길을 인도하고 어둠에 있는 자의 빛이요 어리석은 자의 교사요 어린아이의 선생임을 굳게 믿고 있었다(롬 2:17-20). 아주 훌륭한 정체성이다. 그런데 그것은 거짓 정체성이었다. 정체성 문제가 아니라 정체성 의식이 가짜라는 것이다.

"그러면 다른 사람을 가르치는 네가 네 자신은 가르치지 아니하느냐 도둑질하지 말라 선포하는 네가 도둑질하느냐"(롬 2:21)

바울은 유대인들의 거짓 정체성으로 말미암아 하나님의 이름이 이방인들 중에서 모독을 받고 있다고까지 비판한다. 복음으로 주셨던 율법이 종교가 되는 순간 거짓 정체성으로 변하게 되고, 하나님은 세상에서 모독을 받으시게 되었던 것이다. 그와 똑같은 일이 복음시대인 오늘날에도 버젓이 펼쳐지고 있다.

"기록된 바와 같이 하나님의 이름이 너희 때문에 이방인 중에서 모독을 받는도다"(롬 2:24)

복음이 종교 속에 갇혀버리면 유대인이 하나님을 모독한 것과 똑같은 현상이 일어난다. 지금 복음이 살아있는가? 아니면 유대인들처럼 거짓 정체성만 품고 있는 것은 아닌가? 오늘날 복음은 힘과 능력을 잃어버렸고, 교회는 그리스도의 몸의 기능을 거의 감당하지 못하며, 번영주의나 물질주의로 채워져 있지 않은가? 기독교 개혁은 거짓 정체성을 깨뜨리는 작업일 수밖에 없다.

"스스로 속이지 말라 하나님은 업신여김을 받지 아니하시나니 사람이 무엇으로 심든지 그대로 거두리라"(갈 6:7)

우리를 실질적으로 지배할 수 있는 참된 정체성을 회복해야 한다. 원래 그리스도께서 주셨던 그 정체성으로 돌아가야 한다.

땅에서 천국 누림 2

그리스도인은 복음을 보존하는 사람들이다

**복음을 소유한 백성은 복음을 온전하게 보존할 때 정체성이 성립된다.
우리는 복음의 핵심을 지켜야 하는 사람들이다.**

그리스도인이란 하나님께서 허락하신 복음을 소유하면서 그 복음이 훼손되지 않도록 보존해야 하는 사람들이다. 이런 출발점을 인식하지 못하면 그리스도인의 정체성이 없는 사람일 수 있다. 하나님을 모르는 사람들과 그리스도인들의 근본적인 차이가 복음의 소유 여부인데, 교회에 열심히 다니는 성도들조차 복음에 따르는 자기의식이 없는 경우가 너무 많다.

"그들에게 우리가 한시도 복종하지 아니하였으니 이는 복음의 진리가
항상 너희 가운데 있게 하려 함이라"(갈 2:5)

하나님은 기독교인들에게 구원의 복음을 진리로 주셨다. 그 복음은 나 혼자 죄 사함 받고 구원받고 잘 살라고 주신 것이 아

니라 그 원형의 복음을 품고 삶으로써 그리스도 예수님의 빛을 비추라고 허락하신 것이다. 복음을 품고만 있으면 복음은 복음이 될 수 없는 것이다. 그것이 복음의 보존성이다.

> "너희는 세상의 빛이라 산 위에 있는 동네가 숨겨지지 못할 것이요 사람이 등불을 켜서 말 아래에 두지 아니하고 등경 위에 두나니 이러므로 집 안 모든 사람에게 비치느니라"(마 5:14-15)

또한 그리스도인은 복음이 변질되지 않게 해야 한다. 그것은 각종 이단이나 사이비로부터 복음을 수호하는 일이다. 초기 기독교 역사는 복음을 지키는 투쟁의 역사였다. 예수님의 신성을 훼손하려는 움직임은 계몽주의 시대 이후 자유주의로 흐르면서 더욱 기승을 부리고 있다. 교묘하게 예수님의 육체의 부활을 부인하거나 은근히 종교다원주의를 옹호하는 세력들인 것이다.

> "다른 복음은 없나니 다만 어떤 사람들이 너희를 교란하여 그리스도의 복음을 변하게 하려 함이라 그러나 우리나 혹은 하늘로부터 온 천사라도 우리가 너희에게 전한 복음 외에 다른 복음을 전하면 저주를 받을지어다"(갈 1:7-8)

진리와 거짓, 본질과 껍데기를 분별해야 원형의 복음을 잃어버리지 않을 수 있다. 그것이 그리스도인의 보존성이다.

땅에서 천국 누림 3
복음의 전달성이 천국을 누리는 방식이다

소유하고 있는 복음은 원형대로 수호되어야 하며
그 복음이 타인과 세대에 전달되어야 이 땅에 천국이 임한다.

원형의 복음을 보존하는 것이 그리스도인의 정체성이라면 그 복음을 전달하는 것도 정체성이다. 다른 말로 하면 보존된 복음이 전달될 때 이 땅에서 천국을 누릴 수 있다는 말이다. 복음을 수호한다고 하여 꽁꽁 숨겨둔다면 오히려 그 복음은 더 흐려지거나 변질되기 쉬워진다. 복음을 전달하는 것이 지키는 것이다.

"또 이르시되 너희는 온 천하에 다니며 만민에게 복음을 전파하라 믿고 세례를 받는 사람은 구원을 얻을 것이요 믿지 않는 사람은 정죄를 받으리라"(막 16:15-16)

교회에 데려오기 이전에 대상자에게 복음이 들어가는 것이

최상이다. 초점은 교회부흥이 아니라 영혼구원이기 때문이다. 복음이 세상에 전달되기 위해서는 제자 삼는 일이 반드시 필요해진다. 실생활에서 복음을 살아내라는 말씀이다. 구원받았다고 해도 예수님의 제자로서의 삶이 따라주지 않는다면 그것은 반쪽짜리 복음밖에는 되지 않을 것이다.

"그러므로 너희는 가서 모든 민족을 제자로 삼아 아버지와 아들과 성령의 이름으로 세례를 베풀고 내가 너희에게 분부한 모든 것을 가르쳐 지키게 하라"(마 28:19-20上)

하나님나라의 복음은 그리스도인들을 통하여 전달되고 그것을 받아들이는 사람들에게 천국이 보장된다. 복음이란 누군가에게서 들어야 깨달아질 수 있는 것인데 전달하는 사람이 없이 어떻게 들을 수 있겠느냐는 말이다. 복음은 말로든지 글로든지 책으로든지 삶으로든지 초청으로든지 어떤 방식으로라도 그리스도인에 의해 전달되어야 하는 것이다.

"보내심을 받지 아니하였으면 어찌 전파하리요 기록된 바 아름답도다 좋은 소식을 전하는 자들의 발이여 함과 같으니라"(롬 10:15)

어떻게 구원의 복음을 전달할 것인가를 궁리하는 사람들이 그리스도인이며, 복음을 전달함으로써 땅에서 천국을 누리게 된다.

땅에서 천국 누림 4

복음의 능력은 실천성이 좌우한다

복음의 전달은 말씀대로 실천할 때 얻어지는 능력과 힘의 전달이다.
그리스도인의 실천성이 이 땅을 천국으로 만든다.

전도의 열매를 얻기가 심히 어려운 시대가 되었다. 삶을 통하여 전달되는 복음이 쇠퇴한 것도 중요한 이유 중의 하나일 것이다. 복음이 말이나 교리로만 전파되고 있고, 교회생활에 모든 것을 집중하고 있으며, 종교예식으로 모든 것을 대체하려는 의식 때문일 것이다. 한 마디로 하면 그리스도인의 실천성, 곧 복음의 실천적인 면이 많이 퇴보했기 때문이라고 할 수 있다.

"오직 너희는 그리스도의 복음에 합당하게 생활하라"(빌 1:27上)

복음이 예수 이름을 부르면 구원받는다는 도식만을 전파하는 것이라면 예수님께서 공생애의 삶을 사실 필요는 없었을 것이다. 복음은 예수님의 3년간의 삶을 포함하며, 그 삶의 모습을 복음의 실천성이라고 부르는 것이다. 복음을 받아들이는 첫 번째 조건은 모든 것을 버리는 것이다. 그것은 주님께서 필요로 하실 때 모든 것을 버린다는 결단으로 사는 것이다.

"이와 같이 너희 중의 누구든지 자기의 모든 소유를 버리지 아니하면 능히 내 제자가 되지 못하리라"(눅 14:33)

복음으로 사는 사람은 칭찬도 받지만 박해도 받는다. 왜냐하면 그리스도인의 삶의 원리는 세상의 삶의 원리와 정확하게 반대편이 되기 때문이다. 복음에 합당한 삶을 살면 세상의 부패와 죄와 부딪친다. 하지만 세상과 부딪치더라도 복음대로 사는 것이 땅에서 천국을 누리는 방식이다.

"무릇 그리스도 예수 안에서 경건하게 살고자 하는 자는 박해를 받으리라"(딤후 3:12)

실천성은 복음의 능력의 전제조건이다. 아무리 큰 이적을 행해도 복음의 실천성이 빠진다면 겉껍데기 포장에 불과하다.

땅에서 천국 누림 5

복음은 삶의 방식을 바꿈으로써 세상을 개혁한다

진정한 복음은 세상과 교회를 바꾸기 위해 끊임없이 개혁되어야 한다.
하지만 복음은 사람을 바꾸는 방식으로 세상을 바꾼다.

복음이 세상을 개혁하지 못하면 세상이 복음을 변질시켜 버린다. 복음이 세상을 살기 좋은 장소로 만드는 것이 아니라 복음으로 세상 '사람'들을 바꾸어야 한다. 복음은 정치체제나 사회구조를 바꾸는 것이 아니라 사람 자체를 개혁하고 변화시키는 것이다. 사람의 변화가 세상의 변화인 것이다. 이것을 오해하면 기독교를 세상에 왕국을 일으키는 사회운동으로 착각할 수 있다.

> "예수께서 대답하시되 내 나라는 이 세상에 속한 것이 아니니라 만일 내 나라가 이 세상에 속한 것이었더라면 내 종들이 싸워 나로 유대인들에게 넘겨지지 않게 하였으리라 이제 내 나라는 여기에 속한 것이 아니니라"(요 18:36)

세상의 구조를 바꾸고 복지천국으로 만드는 것이 하나님의 뜻이었다면 예수님은 애초에 십자가에 달리실 필요조차도 없었을 것이다. 세상에 성공한 혁명이란 존재하지 않는다. 정치 주체가 바뀐 것일 뿐이다. 정치체제가 완전히 바뀌어도 사람들이 천국 백성처럼 변하지는 않는다. 인간의 근원적인 문제는 언제나 존재한다. 인간을 완전히 바꿀 수 있는 것은 복음밖에는 없다.

> "무릇 하나님께로부터 난 자마다 세상을 이기느니라 세상을 이기는 승리는 이것이니 우리의 믿음이니라 예수께서 하나님의 아들이심을 믿는 자가 아니면 세상을 이기는 자가 누구냐"(요일 5:4-5)

복음의 개혁성이란 복음으로 사람들을 바꿈으로써 삶의 방식을 바꾸고, 그것을 복음과 일치시켜서 주를 위한, 복음을 위한, 타인을 위한 방식으로 바꾸면 세상은 개혁된다는 것이다. 그것이 가능하다는 것을 역사는 증명한다. 복음의 보존성과 전달성과 실천성으로 세상과 싸울 때 복음과 세상은 함께 개혁되는 것이다.

> "또 하나님이 이방을 믿음으로 말미암아 의로 정하실 것을 성경이 미리 알고 먼저 아브라함에게 복음을 전하되 모든 이방인이 너로 말미암아 복을 받으리라 하였느니라"(갈 3:8)

축복의 통로가 아니라 복음의 통로, 예수님 마음의 통로가 되는 것이야말로 세상을 개혁하는 강력한 수단이 될 것이다.

땅에서 천국 누림 6

천국 누림의 마지막 퍼즐은 천국준비성이다

> 복음의 끝은 영원한 천국이며, 복음이 복음다우면 땅의 천국을 누릴 수 있다.
> 그것은 강한 소망에서 비롯되는 능력이다.

아무리 복음의 보존성, 전달성, 실천성, 개혁성을 향하여 나아가도 천국을 이 땅에서 누릴 수 없다면 그리스도인으로서의 정체성을 충실하게 성취할 수 없다. 천국을 누리는 일은 삶속에 나타나야 함과 동시에 세상을 이기는 능력이 되기 때문이다. 복음의 결말은 천국이며 상급이다.

> "우리가 소망으로 구원을 얻었으매 보이는 소망이 소망이 아니니 보는 것을 누가 바라리요"(롬 8:24)

우리는 이 땅에서 천국을 누려야 하는 사람들임과 동시에 천국에 들어갈 준비를 하는 사람들이다. 어떻게 이 땅에서 천국의 평안과 기쁨을 누릴 수 있을 것인가? 복음의 천국준비성은 그 소망을 얼마나 굳게 붙잡느냐에 따라 결정된다. 이 땅에서 천국의 평안과 기쁨을 누릴 수 있는 근거도 소망의 확실성에 있다. 성경은 이 소망을 영혼의 닻으로 설명한다.

> "우리가 이 소망을 가지고 있는 것은 영혼의 닻 같아서 튼튼하고 견고하여 휘장 안에 들어가나니"(히 6:19)

복음의 성취는 영원한 천국에서 영생을 살기 시작할 때 성취된다. 그 이전에는 전부 소망으로 채워져 있을 뿐이다. 소망을 이 땅에 두는 사람이라면 그는 그리스도인이 아니다. 천국에 소망을 두고 살아가는 사람이 아니라면 그는 천국의 평안이나 기쁨을 결코 누릴 수 없다. 그것은 그리스도인으로서의 정체성을 잃어버린 사람의 모습일 뿐이다.

> "만일 그리스도 안에서 우리가 바라는 것이 다만 이 세상의 삶뿐이면 모든 사람 가운데 우리가 더욱 불쌍한 자이리라"(고전 15:19)

그리스도인은 복음을 소유한 사람들이고, 복음의 특징적인 삶을 살고 있는 사람들이다. 그것이 그리스도인의 정체성이다.

부록

정체성 공감 체크리스트

부록

정체성 공감 체크리스트

자신의 정체성에 대한 인식을 점검해보십시오. 각 항목을 읽고 많은 공감이 되면 5, 어느 정도면 공감이 되면 4, 보통이면 3, 별로 공감이 되지 않으면 2, 전혀 공감할 수 없으면 1을 표시해보십시오.

제1부 · 새로운 정체성을 세워라

1. 새로운 인류의 출현
- 예수님의 제자들은 신인류가 되었다.　　　　(　　　)
- 새로운 피조물이란 신인류라는 뜻이다.　　　(　　　)
- 신인류는 죽었다가 다시 태어난 사람들이다.　(　　　)
- 신인류는 오직 하나님의 통치만 받는다.　　　(　　　)
- 신인류는 먹구름 위에 빛나는 태양을 본다.　 (　　　)

2. 용서하는 그리스도인
- 십자가를 보면 용서하지 않을 수 없다.　　　　(　　　)
- 하나님의 용서만이 상처를 깨끗이 지운다.　　 (　　　)
- 당신의 회개는 당신의 용서 없이 불가능하다.　(　　　)
- 정말 십자가를 안다면 모두 용서할 수 있다.　 (　　　)
- 큰 능력을 구하지 말고 용서의 힘을 구하라　　(　　　)

3. 버려야 사는 그리스도인
- 배설물을 쌓는 사람은 가장 어리석은 사람이다.   (   )
- '썩을 것들'은 욕이 아니라 진리이다.   (   )
- 소유는 천국까지 가는 연료일 뿐이다.   (   )
- 존재가치를 내세울수록 무가치한 사람이다.   (   )

4. 싸우는 그리스도인
- 싸우지 않으면 날개 없는 새처럼 추락한다.   (   )
- 선한 싸움은 피 흘리기까지 마귀를 대적하는 것이다.   (   )
- 무기도 없이 마귀와 싸우는가?   (   )
- 사탄의 급소는 선과 절제와 향기와 평안이다.   (   )
- 지금 싸우지 않으면 다 지옥 간다.   (   )

5. 정체성의 정리
- 혹시 거짓 그리스도인이 아닌가?   (   )
- 지금 당신은 하나님께 누구인가?   (   )
- 안 되면 그리스도인 흉내라도 내고 시작하라.   (   )
- 택자의 정체성, 왕의 권위, 백성의 열정이 있는가?   (   )

제2부 · 진짜 정체성을 진단하라

6. 정체성 인식과 정체성 행동
- 진짜 당신의 정체는 무엇인가?   (   )
- 바리새인들의 진짜 소망?   (   )
- 낙심을 보면 정체성을 안다.   (   )
- 거짓된 정체성이 위선을 낳는다.   (   )
- 당신도 분명히 바리새인이다.   (   )

7. 당신의 소망을 진단하라
- 당신의 속마음이 구하는 것은 무엇인가? (   )
- 하나님과 다투지 말고 타인을 위해 구하라. (   )
- 문제보다 먼저 심령이다. (   )
- 당신의 기도가 당신의 정체성이다. (   )
- 소망진단으로 숨은 정체성을 발굴하라. (   )

8. 당신의 낙심을 진단하라
- 낙심해보지 않으면 정체성을 모른다. (   )
- 바울의 낙심이 바울을 만들었다. (   )
- 땅의 문제인가, 하늘의 문제인가? (   )
- 말씀 앞에서 낙심하는가? (   )
- 낙심은 참 믿음으로 이끈다. (   )

9. 당신의 행동을 진단하라
- 배반의 정체성에서 사랑의 정체성으로 (   )
- 처음 사랑은 살아있는 생명이었다. (   )
- 궁핍한 부자인가? 부유한 거지인가? (   )
- 거짓 정체성은 언제나 합리적으로 보인다. (   )
- 살아있다고 어떻게 확신하는가? (   )

제3부 · 하늘의 상이 정체성을 만든다

10. 정체성과 하늘의 상
- 자기중심에서 하나님중심으로 (   )
- 하늘에는 개인 보물창고가 있다. (   )

- 물 한 그릇도 예수님께 드리듯 하라. ( )
- 하나님의 심부름에는 하늘의 큰상이 따라온다. ( )
- 물 한 그릇이 가장 큰 상일 수 있다. ( )

11. 가장 큰 상 : 이웃사랑의 상
- 전도의 상을 혼자 독차지하는가? ( )
- 복음전파 이전에 영혼사랑이다. ( )
- 이웃을 자신처럼 사랑하면 위대한 선지자이다. ( )
- 예수님은 십자가에서 아예 우리가 되셨다. ( )
- 이웃사랑의 상과 이웃외면의 벌 ( )

12. 박해 받는 사람이 받을 상
- 박해받을 짓을 하라. 큰 상이 있을 것이다. ( )
- 우리가 선지자이다. 아니, 선지자여야 한다. ( )
- 초대교회는 박해교회였다. 오늘날도 그렇다. ( )
- 평화는 박해의 다른 얼굴이다. ( )
- 박해받을 때가 가장 강할 때이다. ( )

13. 주님과의 동행 상
- 주님의 동행을 믿는 사람은 담대하다. ( )
- 내가 하나님의 편이어야 하나님도 내편이시다. ( )
- 어려움은 담대함의 출발점이다. ( )
- 에녹과 엘리야는 동행의 큰 상을 받았다. ( )
- 비움과 동행과 담대함은 같은 말이다. ( )

14. 하늘의 영원한 상
- 하늘의 상은 보상이 아니라 열매이다. (   )
- 모든 성도가 상속자가 되는 것은 아니다. (   )
- 틀림없이 하늘에서 상이 당신을 기다린다. (   )
- 하늘의 상은 계급이 아니라 질서이다. (   )
- 하늘의 상은 진심의 상이다. (   )

제4부 · 이 땅에서 천국을 누려라

15. 천국의 부요함을 누리자
- 구원뿐 아니라 부요함도 하나님의 선물이다. (   )
- 예수님이 누리셨던 천국을 누리자. (   )
- 부요한 은혜를 누리는 만큼 행동이 나온다. (   )
- 하나님의 지혜는 어리석어 보일 때가 많다. (   )
- 채움이 아니라 비움으로 부요를 누린다. (   )

16. 평안과 안식을 누리자
- 하나님과의 화평은 사람과의 불화일 수도 있다. (   )
- 포기하지 않고 평안을 누릴 수는 없다. (   )
- 평안은 세상을 이기는 힘이요 능력이다. (   )
- 안식은 일시적인 죽음이어야 한다. (   )
- 안식의 깊이가 믿음의 상태이다. (   )

17. 천국의 기쁨을 누리자
- 천국의 기쁨을 알아야 참 그리스도인이다. (   )
- 하나님의 기쁨으로 충만해야 한다. (   )

- 예수님의 기쁨을 얼마나 아는가? ( )
- 자기 버림이 기쁨 회복의 특효약이다. ( )
- 그리스도인의 기쁨은 본능이어야 한다. ( )

18. 땅에서 천국을 누리자
- 교회와 성도를 망치는 것은 거짓 정체성이다. ( )
- 그리스도인은 복음을 보존하는 사람들이다. ( )
- 복음의 전달성이 천국을 누리는 방식이다. ( )
- 복음의 능력은 실천성이 좌우한다. ( )
- 복음은 삶의 방식을 바꿈으로써 세상을 개혁한다. ( )
- 천국 누림의 마지막 퍼즐은 천국준비성이다. ( )

총   점   (　　　 점)

정체성 공감 점수 평가
- 400점 이상   강한 개혁형
- 300-400   개혁형
- 200-300   진보형
- 100-200   보존형
- 100점 이하   강한 보존형

이 점수는 이 책의 기준을 따라 그리스도인으로서의 정체성을 점검해본 수치이며, 절대적인 지수는 아닙니다. 본책(그리스도인의 회복 : 정체성)을 읽거나 이 책을 다시 한 번 깊게 정독함으로써 바뀔 수 있습니다. 400점 이상 나온 분들은 Daum 카페 '기독교신앙회복연구소'에 가입하시고 '도서주문코너'에 신청하시면 10사람에게 본 책을 보내드리겠습니다.